U0056635

感受「無我」的自由

瑞昇文化

序

佛陀的無我論

最近社會觀念似乎有點轉變了，幾年前，日本還十分盛行「寬裕教育」，談的是「認同孩子的個性」、「擴展孩子的個性」，並且常常對孩子說「要重視自己的個性」、「要活出自己的特色」，然而卻造就出許多無法接受別人意見、任性且恣意妄為的孩子。

同時，也有人很認真的思考：「什麼是活出自己的特色？」

但是，一旦開始思考「本來的我」、「原原本本真實的自己」，大概就會有驚人的發展，接著就會開始進一步探討「要如何確立自我」、「要如何確立自性」，甚至為此而煩憂不已，卻又找不到「何謂我」、「何謂自性」，簡直令人無所適從，想要找到「我」或「自性」似乎並不容易。

於是，開始尋找「原本的我」、「確確實實的真我」，結果卻造成嚴重後果，反而不斷想著「我要確立我」、「我要確立自性」，甚至為此煩惱不已。最後根本無法找到「我」或「自性」，反而令自己無所適從。看來要找到「我」或「自性」其實並非簡單的事。

而且很可能在尋找「我」或「自性」的時候，我們往往會非常堅持「我」，一不小心就經常把「我」掛在嘴巴上，甚至因此和身邊的人發生衝突或造成別人困擾。結果根本無法了解「我是什麼」，反而被莫名其妙的「我」給耍得團團轉。

這種被「尋找我」給耍得團團轉的生活方式，我們也只能把它歸類為不幸的生活方式。

現在，讓我們試著來思考一下。

為什麼我們無法找到「我」或「自性」呢？

應該可以歸納出兩種理由：

一、「我」隱藏在無法被發現的領域中，所以，根本就不可能找到。

二、「我」或「自性」原本就不存在，所以才無法找到。

＊＊＊

不分青紅皂白就否定「我」的話，或許會造成嚴重的排斥反應，一般人的想法是「不可能有這回事！『我』或『自性』應該是存在的！」因為有關

「我」、「魂魄」、「靈魂」、「神」這類的概念是一般大眾所接受的，如果想要擁有和一般大眾相對立的想法，往往需要很大的勇氣與魄力；隨順一般大眾的想法與信仰反而是比較輕鬆又安全的。但是，不調查、不觀察也不懷疑的「盡信靈魂或盡信神祇」的態度與其說是安全的策略，倒不如說是一種逃避的行為。假如你相信有「我」、有「靈魂」的存在，卻又不想被視為逃避者的話，請你務必仔仔細細研讀這本書。

也有人並不相信靈魂也不信神，不過，這種想法也只能說是一種單純的信仰，因為這並不是經過詳細調查之後所產生的結論。在你不管青紅皂白就否定「無我」之前，我認為你最好先看看這本書，真正了解何謂「無我」。

實際上，佛陀並沒有很積極談到「無我」，但是，現代人常常為了「我」

而煩惱，因此，才讓我想把佛教的「無我」理論做一番歸納，希望能夠作為大家的參考。

佛陀早在兩千六百年前就已經一語道破「無我」、「一切無我」。這並非很艱澀難懂的理論，其實只要靜下心來自我剖析，就可以清楚了解。但是，人們卻抱持錯誤觀念堅持「有我」，自然會認為佛陀所說「無我」是一個艱澀難懂的理論。因此，請你務必把腦袋完全清空，仔細傾聽佛陀所說的理論。

＊＊＊

或許你會問：「佛陀說的『無我』究竟是什麼意思？難道是說『沒有

我』？或是說『根本就不需要考慮生活方式或其他』？」

這樣的解釋是大錯特錯！我們每個人都應該仔細思考「什麼是好的生活方式」，並且努力實踐好的生活方式，這才是佛學的真諦。

要活出「無我」，唯有重視自己，以自己為基準，依賴自己，以自己的意志活下去，除此之外別無他法，佛陀稱此為「自燈明」。

唯有自己是最關心自己的事情，做壞事的時候，受苦的應該也是自己，雖然有時候可能也會害到別人，不過，最先受苦的應該是自己。煩惱、苦痛都是自己的感受，幸福也是自己的感受。判斷的基準都在於自己，活著也只能依靠自己。因此，佛陀說的「無我」，真正的涵意其實也包含有「正確的了解自己」。

本書將會依照順序詳加說明，但是在詳細解說佛陀理論之前，我將會在

「序章」先談到現代人是如何熱衷於「尋找自我」，以及不宜熱衷「尋找自我」的理由。

接著在第1章將會談到佛陀對「無我」的看法，並且和古印度哲學做一番比較，詳細深入的探討這個理論。

我希望大家不要再被過去積非成是的觀念所誤導，要擁有正確的觀念。唯有這樣，才能夠認識佛陀所說的「真正的我」。

最後，本人在此祝福每個人能夠受到三寶護持。

蘇曼那沙拉

◉「無我」和「輪迴轉世」有著密不可分的關係

◉萬物流轉與輪迴轉世

◉想要了解輪迴轉世，必須發現「因果法則」

◉不是「消業」，是「除去愛戀執著」

◉「不執著」和「無常」如同一個硬幣的正反面

◉「無我」與「無價值」

序章

為什麼我們需要學習「無我」

為什麼「尋找自我」和「尋找自性」是有其必要的？

為什麼我們需要「尋找自我」和「尋找自性」呢？

主要是因為我們一向都習慣採取團體行動。

團體行動不好嗎？其實也不能完全說不好。跟著團體一起行動的話，只要照著所說的或所做的去做就可以了，當然不需要太費心。

也正因為如此，跟著眾人一起團體行動就比較輕鬆，也不需要負任何責任，這樣的做法有時候也有它的優點。

事實上，日本人一向認為大家採取一致行動，不強出頭，配合社會秩序或生活就是一種美德，這種跟隨大眾做一樣的事情，稱為「社會心理」。

日本戰國時代武將毛利元就有一段著名的逸事。有一天，毛利元就把三個兒子叫到面前，命每個兒子各自折斷一枝箭，三個兒子很輕易就把箭折斷了。接下來，毛利元就把三枝箭捆成一束，再命兒子折斷，結果沒有一個兒子可以做到。這個故事的寓意是「各自為政是一盤散沙，團結才是力量」。

總之，日本社會認為團體的約束才是一種「美德」，不應該強調個人主義。因此，日本人絕對不會強出頭，生活上的一切所做所為都一味強調為了社會、為了家庭或是為了國家。

我認為在某個階段以前，這種看法或許也曾經發揮過很好的效果。

但是，此種固定模式應該很難一直順利持續下去，因為萬事萬物都隨時在變化，很多情勢已經不是團體行動就能夠維持下去的。

三枝箭綁在一起或許會變得比較堅固，但是射箭是一枝一枝射出去，所以每一枝箭都必須很堅韌。現在就屬於這種時代了。

為什麼現代社會需要的是「個人特色」？

現代社會講究的是競爭原理，需要的是有創意。假如沒有特殊創意，每個人都活在同樣模式下的話，社會就難以進步。需要有新創意、開創新模式、新的發明來改變過去的型態。因此，現在所要求的反而是「要有個人特色」。

當團體行動窒礙難行，轉而被要求要表現出個人特色時，卻因為過去從沒有過這種經驗，也沒有接受過這樣的教育方式，反而很難做到。

日本孩子的數學能力通常都很優秀，數學好代表邏輯觀念應該很清楚，不過，若要追根究底的話，其實只能說日本小孩比較擅長利用固定模式來解題。答案本來就預先設定好的，根本無法隨自己喜好來求出答案。

因此，對於不太用大腦思考的人，數學可以說是非常簡單的一門科目。因為這樣，所以才會這樣，所以答案才會是這樣，也就是只要套上固定模式就可以了。

但是，想要更深入鑽研數學的話，絕對不會僅限於同一種模式，而是會依靠自己的能力徹底了解各種方程式，從不同的角度來面對問題並嘗試從中找出答案。也就是說，唯有努力嘗試各種解法的人，才有可能成為偉大的數學家。

一九〇四年由法國數學家龐加萊所提出的「龐加來猜想」，是一道一直無法被解開的數學題目，而且歷經了一百年仍無人可以解題，卻在二〇〇二年到二〇〇三年之間由俄羅斯數學家格里戈里．佩雷爾曼完成最終證明。佩雷爾曼費盡心思想要解決這道歷史性的題目，百般思考之後，他並非採取數學的攻勢，而是以物理學的方法追根究底，最後總算很巧妙的解決這個問題。日本的電視節目曾經詳細介紹過這個戲劇性的發展，相信許多日本人應該記憶猶新。

如果有人問：「日本人究竟擅長哪些領域呢？」我想答案應該就是漫畫吧！為什麼日本人擅長漫畫呢？主要是因為大家都在畫漫畫。正因為很多人畫漫畫，所以只要模仿就夠了。然而，一味的模仿，根本無法深入漫畫的精髓，也就是說，每個人都畫麵包超人的話，根本就不值得一提了，就算畫得很高興也不能就此滿足，一定要畫出跟別人完全不同、更具創意、比麵包超人更有趣的更截然不同的漫畫作品。

學畫漫畫最重要的就是要一再反覆畫同一個東西，但是，如果一直停留在這樣的階段，可能會一輩子淪為幫別人工作的角色；也就是一個聽憑漫畫老師的發想而協助畫出來送到出版社的漫畫助理，這種漫畫助理絕對很難成為漫畫家。

如果自己很想成為漫畫家，就必須嘗試畫出過去不曾畫過的漫畫。但是，對現代的日本人而言，想要自行發揮創意，幾乎比登天還難，簡直是天方夜譚。

沒有欲望就無法發揮個人特色

「自行發揮創意，採取新做法」，說起來簡單，做起來卻不簡單，如果本人沒有太高欲望，就很難展開。

「爸爸媽媽要我讀書，我才會用功讀書。」

有的人是因為別人的因素才會起心動念去做一件事，然而，別人根本無法讓他去做任何事情，就算父母跟他說要努力用功讀書，假如他本人沒有讀書欲望，根本就不可能努力用功。這種道理也可以運用在狗狗身上，也就是說，我們可以為狗狗準備飲用水，但是，喝水的是狗狗，如果牠不想喝，沒有人可以強迫牠喝。

在教育的立場上這是一個很重要的重點。就算拉高嗓門告訴孩子說：「趕快去讀書！」這種作法卻毫無意義。重要的是要讓孩子在心理上產生想念書的欲望，這樣一來，孩子就會自動自發讀書。

教導者的工作是要帶領孩子產生「試試看」的念頭，否則就算你絞盡腦汁想要教導孩子，孩子依然無法了解學習的意義。對於管理者而言，也是同樣的道理。如果你希望部屬充分發揮實力，重點是要讓每一位部屬擁有熱忱與幹勁。

我在斯里蘭卡的時候，曾經在大學教過佛學。當時最讓我費盡心思的是「如何啟發孩子的幹勁」，只要學生有幹勁，自然而然就會自動自發努力用功讀書。

斯里蘭卡是一個事事講究國家考試的國家，大學生當然也要考試，考試結束後就必須改考卷。有的學生會把我教的詳詳實實寫得整整齊齊，有的學生則是以我所教的為基本再加上自己的想法寫在考卷上。能夠得高分的當然是那些可以寫出自己想法的學生。

詳詳實實把我所教的寫得很仔細的人，我並不會給他一百分，頂多只會打個六十分，因為這僅表示這位學生的記憶力很好。也就是說，如果學生能夠加上自己的想法與創意，我才會增加他的分數。

在社會上學習，回饋給社會

所謂「創意」絕對不是隨便想想就有的。沒有經過學習就隨性的突顯個人特性，這種做法不正確。我們必須學習世上的知識，而且也必須捫心自問「自己對這個社會有何貢獻？」

人生在世，自己的世界並不是在突然之間就可以確立；對每個人而言，最重要的是自己對社會能夠有「一點點」的貢獻，因為我們都是受到社會的栽培。既然受到社會的培育，每個人就不該通通都做「好孩子」，如此一來整個社會是無法向前發展。我們每個人都應該對這個社會、對人類貢獻「一點點」東西，能夠為社會添加「一點點東西」的人，才能夠被人們牢牢記住。

大家都記得貝多芬，也記得莫札特。其實這兩個人並沒有做出石破天驚的事情，那個時代早就有古典音樂，他們學的就是古典音樂，他們只是把所學的出人意表的「添加了一點點東西」。

麥克傑克遜剛出道時，早就有搖滾音樂，但是他並沒有一味模仿貓王艾維斯．普里斯萊，他學過靈魂音樂、也學過搖滾音樂，他甚至遠到印度學習印度舞蹈與音樂創作，然後把所學的巧妙運用在他的作品中。雖然他從別人身上學到很多，但是，他並不是一味模仿，而是向世人發表了獨樹一幟的音樂創作。

由此可知，我們必須對世界做「一點點」貢獻，亦即隨時隨地在前人的工作領域上「添加一點點東西」，否則這個世界就很難成立。

說得更簡單一點，如果每個孩子都謹遵父母期望而成長的話，社會將會陷入毀滅一途。不可否認的是，孩子是由父母撫養長大，但是，孩子終究必須超越父母，即使違逆父母的期盼，也務必要超越父母。縱使孩子的想法違逆了父母的期盼，只要對社會有一點點幫助、或是對社會有一點點貢獻，這又有什麼不好呢？

假如孩子違逆父母的期盼卻變成不良少年，這當然是毫無意義可言，因為這個孩子違逆了父母，陷入一個完全不同於父母模式的另一個模式，而且並沒有和社會的發展連結在一起。其實每個人都應該做一些新的改變，即使只是一點點也很好。

其實這絲毫不困難。首先就是在自己可以做到的範圍內、自己的能力範圍內進行有系統的學習。例如：擅長繪畫的孩子就盡量多方面去學習繪畫技巧，擅長音樂的孩子就盡量多方面去學習，然後再嘗試突破傳統，也就是先學習，然後再突破傳統。

例如：把桃太郎的故事說給孩子聽，然後跟孩子說：「現在，你要試著稍微改變一下故事內容再說給我聽」，於是孩子可能就會文思泉湧的改編原有的桃太郎故事，可能會把桃太郎的好朋友「雉雞」，改變成會駕駛直昇機，並且從空中攻擊鬼怪。其實這種改變也很不錯。

為什麼無法發揮個人特色？

但是，在孩子的學習過程中，好不容易有一些靈感時，卻遭到旁人破壞的例子時有所聞。

孩子早在幼童階段或上小學之前，原本就擁有屬於他自己的世界，然而卻受到「教育」之名而遭到破壞。

很多父母一心想要孩子接受更好的教育，於是讓孩子收看日本NHK的教育節目或是訂購幼兒的學習月刊。結果卻造成日本孩子只認得「巧虎」和「多摩君」，說起來這不見得是一件好事，讓孩子高興或許是一件好事，但是卻可能讓孩子陷入某種固定模式的危險。父母可以買「多摩君」布偶給孩子，但是，不妨自己也試著做一點改變，例如把短腿的「多摩君」變成長腿或是稍微添加一點點不同的地方，這是非常必要的。

我再重複一次剛剛說過的，我們每個人都應該對這個社會、對人類貢獻一點點東西，這才是身為「人」最寶貴之處。貿貿然就想要找尋「自性」，恐怕是行不通的。我們自己就是一個「系統」，別人也是各自獨立的一個系統，這些不同的系統組合在一起，才形成「社會」。而且，每個人所屬的獨立系統其實是天天都在變化當中，並非一開始就有某種固定的「自性」。

為什麼大家都找不到自己的個人特色呢？是因為我們做了一些奇怪的事。最為可笑的是，我們一直認為「有一個不變的我」，然後不斷在尋找這個「我」，經過一番尋尋覓覓卻總是找不到，因為這個不變的「我」根本就不存在。

沒有「我」，有的只是「行為」

然而，根本就沒有「我」，有的只是「行為」而已。如果我們只是靜靜的想著，就算想了一年、兩年、五年或十年，光用腦袋想並不會產生任何結果；沒有採取任何動作的話，光憑想像絕對不會產生任何結果。由此可知，「起而行」才是最重要的。

所謂「起而行」，指的當然是「自己去做」，這跟「別人去做」是完全不同的。自己做和別人做一定有不同之處，這個不同之處就是「個人的特色」。

例如：兩個人在相同的時間地點跟隨老師學習書法，他們所寫出的書法就不可能相同，也無法寫得跟老師一模一樣，想要寫出自己的特色反而是比較輕鬆容易的。

不可否認，有人天生就擁有完美的模仿能力，這也算是一種才能。但是，如果世上每個人都只會模仿，這個世界終將毀滅。因此，如果自己認為「我擁有模仿能力」，其實這也很好，因為「成為模仿的第一高手」也算是一種才能，中國或台灣就有許多人擅長模仿，日本之所以能夠以「品質」稱霸世界，也都是因為日本人擁有模仿能力。日本之所以能夠採行優良的品質管理製造出品質穩定的產品，全都是拜「準確模仿、大量製造」所賜。

種稻的情況也是如此，每一年都可以種出同樣重量、同樣形狀與同樣味道的稻米，這是很了不起的，也可以說是拜「優良的品質管理」所賜。但是，光是這樣就可以讓全世界動起來嗎？

餐廳的情況也是如此。餐廳經營者願意的話，每天都可以推出不同菜單，但是他們並沒有這麼做；而是不斷試做各種菜色，等到完全滿意之後才正式印在菜單上，接下來就是不斷的複製原有的菜色。

不論全世界或日本社會皆是如此。你應該喝過可口可樂，吃過麥當勞漢堡，這些產品都是根據一定的製造程序，甚至連數值都是固定不變，再藉由機械製造出來而已。日本的牛肉飯餐館的情況也是如此，他們所做出來的一百碗牛肉飯，完全都是一模一樣。

何謂「個人特色」？何謂「自性」？

「創意」則是另外一回事。在商場上，創意與複製都需要受到嚴格要求，一旦「創意」受到認同，接下來就必須「大量複製」，朝「大量生產」的方向邁進。

在這個過程中我們必須學會的，並不是突然的表現「自性」或是「尋找自我」，最重要的是要掌握住全世界的需求。一切都必須藉由「起而行」來表現，也必須有結果。此乃人世間的道理，否則光有創意是沒有用的。因此，必須掌握人世間的情況，同時還要考慮到「這個世界必須天天有變化」，沒有所謂的奇蹟，我們都是從「別人給我們的東西」當中創造出某種東西。

一個最明顯的例子就是樂高積木。試著把樂高積木給五、六個孩子，請他們嘗試組合看看。缺乏自信的孩子可能會看著其他孩子的組合方式，做出相同的組合。有些孩子則是完全不懂得如何組合樂高積木，可能就會有孩子教他說：「這樣組合起來就是風車了！」

其實我們就活在樂高的世界，手上拿的都是樂高積木，倘若每個人組合出來的完全一樣，就毫無意義可言。有的人會利用樂高積木組合出房子、庭院、兒童樂園等等，必須很有耐心與毅力去完成。如果你不想做出這類的組合，而是想要做出其他的東西，其實也無妨。

話說回來，提升複製能力以及做自己想做的，兩者當中究竟哪一個比較輕鬆呢？我們就以寫書法為例子來說明吧！是跟著老師所教的一筆一畫詳實的寫下來比較輕鬆，還是隨自己喜好寫書法比較輕鬆呢？

究竟何者比較輕鬆，其實並沒有一個定論。平常自己喜歡隨便塗鴉，這樣的方式很難寫出一手好書法。假如你希望自己擁有優秀的書法才藝，就必須一直寫、一直寫、不斷拼命練習。

然而在不斷練習當中，有些人很可能變成只會複製別人的字體，不過也很可能因為模仿功力一流而讓自己沾沾自喜；有些人則可能另行加入自己的一點點創意，寫出自成一格的字體，這就是「個人特色」。如果一心想要複製別人的字體，就只會變成那樣的人；如果你希望自己能夠創造出新的字體，這樣也很好。

現在的日本最令人憂心的是，大部分的人只會隨著教科書的內容很準確踏實去做，卻很少人願意嘗試一點點不一樣的做法就有可能產生很好的結果。因此，日本社會普遍希望有更多有創意可以帶來好結果的人，卻因為日本人缺乏這種能力，往往在嘗試製作新作品時就經常半途而廢。

如何活用「自性」？

所謂「自性」，就如同剛剛所說的。日本人常常說的「個人特色」，其實指的就是創作世界或一般的日常生活。日本人所說的「自性」，並不是很嚴格的用來表現精神層面。

你不妨問問自己：「什麼東西可以讓自己放輕鬆呢？」答案就是「在屬於自

己的世界可以放輕鬆」。接著不妨再問問自己做什麼事可以放輕鬆？什麼時候不會感覺精疲力竭？做什麼事可以令自己興致勃勃？

例如：有些年輕人很喜歡音樂。但是，他們只是喜歡音樂，卻沒有任何音樂才藝，他們既不會彈奏樂器，歌喉也不好。但是他們卻難以忘懷音樂世界，很喜歡沉浸在音樂世界中。

這種人或許可以成為音樂器材的維修人員，也可以擔任燈光設備或舞台設計者，而且很可能成為某個音樂團隊的音控人員。雖然沒有美妙的歌喉，卻擁有欣賞能力，只要將此種能力提升到專業階級，同樣可以浸淫在音樂世界，有時指揮別人說：「你的聲音還要下降一些些」或是「三號麥克風請注意……」，這些事情同樣也可以沉浸在音樂世界中。在舞台上表演美妙歌喉的歌者固然有其個人特色，音控者同樣也擁有優秀的個人特色。

只要擁有這種意識形態，凡事就很簡單了。但是，倘若一味採取保守主義，自以為所謂「音樂之路」就是要成為音樂家，必須就讀音樂學院，也就是以既有的思考模式看待任何事情，最後得到的結論則是「自己絕對做不到」！其實就算你大學讀的是工學院，如果你對音樂非常著迷到癡狂的程度，你就有可能浸淫在音樂世界中。這就是所謂的「個人特色」或「自性」。

「我執」將會破壞「我」這個系統

然而，我們卻經常受到種種錯誤觀點的束縛，活得很辛苦，這都是因為「我執」所造成。當今世界，受到美國的「我執」而受苦。每當美國稍微受到損害時，就想從世界各地撈錢；只要對美國不利，美國就會輕易拋棄其他國家；當美國經濟狀況惡化時，日本也會跟著受苦，美國根本就不管日本的經濟狀況會受到何種影響。

北朝鮮的「我執」，也讓日本人在精神上受苦；再者，日本人的「我執」則造成日本和中國無法保持友好。

家庭狀況也是如此。倘若父親非常「我執」，全家將會受苦。也就是說，一旦「我執」，整個系統將會受到破壞無法順利運行。學童如果在教室「我執」，就無法好好讀書；反之，如果老師「我執」，教育就無法辦得好。在我們的生活當中隨時都會遇到這方面的經驗，但是，卻很少人察覺到。

美國經常向全世界宣告民主多麼重要、自由多麼可貴，但是當聯合國教科文組織決定接納巴勒斯坦成為正式成員時，美國卻以停止給予教科文組織經費作為要脅，這是有普通常識的人該有的舉動嗎？既然已經決定採取多數決，當然就應該遵從，一旦自己的意見不被採納就不承認，這種態度哪稱得上民主呢？

自己經常舉行核子試爆，卻聲稱其他國家沒有這種權利，這又是哪門子的說法呢？如果擁有核彈是一件危險的事情，世界各國就應該全部放棄。但是，這些國家卻堅稱除了他們之外，不允許其他國家擁有核彈。

國際之間之所以動盪不安，都是因為各自「我執」，也就是說「只要我的意見不被採納，我就強力杯葛」，在這種情況之下，世界怎麼可能和平呢？國與國之間無法相安無事都是因為「我執」所造成，家庭之所以不能和諧，也是因為「我執」所造成；同樣的道理，如果一個人凡事不順利，也是因為他自己太「我執」。

說話太任性的人，將會傷到自己，因為任性容易受到周遭的反擊與破壞。也就是說，過於我執的話，將會與身邊的人為敵。原本就「無我」，只有愚者才會「我執」，才會引起周遭的人的圍攻。自己的「我執」而對自己生存的環境採取攻擊的話，這就是「自我攻擊」。本來就沒有「我」，有的只是稱為「我」的一個系統，而且此系統是由各種模式組合而成，「我執」的人將會毀壞此系統。

一輛汽車經過一段歲月之後，就會變成老爺車，最後將無法開上路。總不能因為汽車總有一天會變成老爺車，就把剛買來的新車開去撞牆或撞大樹來加以破壞，這樣好像不太對吧！買了汽車之後，就要加汽油與添加機油，還要打蠟保養，才能夠保持行車安全。儘管非常細心保養車子，車子有一天還是會變成老爺車，這是汽車這個「系統」既有的「模式」所造成的；總不能因為車子會壞，就把車子開去撞壞，這種做法完全是錯的。

我希望各位能夠了解到，「我執」的情況就和這個一樣。

何謂「我」？

所謂的「我」，究竟是什麼？究竟有沒有「我」？只有佛學很客觀的分析了這個問題。

這個問題其實很單純。過去，人們曾經檢討過何謂「我」嗎？除了佛教之外，有誰曾經探討過何謂「我」？ 提到「蘋果」兩個字，大家都知道是什麼東西，提到「洋蔥」，大家也知道是什麼東西。梨子的外形是圓的、顏色也和洋蔥近似，但是，大家絕對不會把梨子看成是洋蔥。

一看到洋蔥，儘管形狀有點改變，大家一定一眼就能看出是洋蔥。洋蔥又有褐色、紫色或紅色的品種，但是，卻沒有人會因為它是紫色的，就認為它不是洋蔥。然而，人們卻不想真正去了解「我」，才會主張「有我」，即使遭遇到各種挫折，依然不想進一步去了解。

其實，這是一個非常重大的問題。

人，為什麼會生氣？是因為「有我」。為什麼會貪心？也是因為「有我」。無我的話，自然就沒有貪念，誤以為有「我」，才會產生貪念。無我的話，自然就不會起「瞋」心，之所以會產生瞋心，都是因為事情沒有依照自己所決定的模式順利進行所引起。但是，凡事都有其既定模式，不可能事事都按照自己決定的模式去進行，不順心就要生氣的話，你到底想要怎樣！

不只是貪、瞋如此。如果沒有「我」的話，自然就不會心情沮喪、也不會跟別人吵架，也不會發生戰爭；無我的話，自然就沒有所謂的「保守主義」。

現在所稱的「保守主義」，是因為有「我」就必然會成為「保守主義者」，保守主義者通常不喜歡生活周遭有所變化。

一般人通常都有一個自己認知的「我」，並且在這個前提之下來決定處事方法，做起事來大概也不至於出錯。但是，一旦覺得這個「我」是不變的，通常就會受到嚴重的制約。有時候會認為「我一定可以辦得到」，有時候又會認為「我絕對做不到」。

例如古時候，只要說「我是女孩子」，就代表不會爬樹，而且是絕對無法改變之事；然而，只要忘掉「我是女孩子」這個念頭的話，輕輕鬆鬆就會爬樹了。也就是說，「我」的念頭越淡薄的話，越能開展出自由自在的天地。

這個世界依然受到各種制約。有人說日本女性很自由，其實卻一點也不自由，只要一說到「女性」兩個字，就會被限制成這個不行、那個也不行。即使是一個「社長」也同樣受到制約，就算是「一般職員」也受到不同範籌的制約。於是，即使擁有極高的才華，也很難充分發揮。

不要找尋「我」

有些人一旦覺得「沒有自我」就會心生不安，這是因為本身個性懦弱才會不想自我挑戰或是想把自己隱藏起來；這種人因為自己的這種錯覺而深陷其中並且緊抱不放。其實一旦了解到「本來就沒有我」，自然而然就會湧現力量，並且可以活得更自由自在。

由此可知，「擁有自我」或「確立自我」其實文字本身就是錯誤的。

舉例來說，「我」就像一塊沉重且無法移動的硬石頭；「無我」的生活方式一如空氣一般自由自在、無所拘束。因此，絕對不要找尋「我」，否則就像要你趕快變成一塊岩石一般，最後只能固定在一處難以移動。

如果是水的話，可以有各種變化，可以變成噴水池、變成游泳池、也可以變成海、甚至變成水壩用來發電。再來，大海究竟是哪種形狀呢？其實大海根本沒有形狀可言，而是根據不同的條件致使形狀不斷變化。空氣又是哪種形狀呢？空氣好像並沒有形狀可言吧！「生命」其實也是如此。生命的每一瞬間都在變化當中，有些人卻認為自己是岩石，因此，請你一定要告訴自己「你的感覺是錯的」、「你並不是一塊岩石」。

一旦「無我」，不論面對何種變化都可以泰然處之。

由此可知，如果你認為自己根本成不了任何事，全都是因為「有我」。「我」才是最可怕的癌症，「自我意識」是心中產生的癌細胞，雖然同屬於身體的細胞，但是癌細胞卻是不受認可的，必須徹底破壞掉。「自我意識」絕對不會帶來好的結果，天地間的好事情全都是因為抑制「自我意識」才產生的。

了解「無我」，才能夠解決人類的問題

藝術家通常都是一邊消滅自我來表現作品，一旦堅持「自我」一切就結束了。

日本文化也經常談到「空無」，偉大的書法作品據說都是因為「空無」才產生的，因為唯有進入到「無我」狀態，才能夠充分發揮真正的實力。

因為「空無」而殺人的例子是絕無可能的，因為唯有回到「空無」的人才能夠產生出類拔粹的結果。

所謂的「無我」，到底是沒有了什麼？其實並沒有什麼沒有了，因為打從一開始就沒有所謂的「我」。

如果有人說：「這張桌子並不是黃金」，這種說法對桌子並沒有損害，因為

桌子一開始就不是黃金，所以，它沒有減損一分一毫。但是，如果原本就是黃金，卻被說成不是黃金，這樣的損害就很大了吧！

同樣的，假如「本來有我，聽了佛陀說法之後就變成無我」，這樣的話或許就可以說有所損失。但是，本來就沒有的，佛陀只是跟你說「非有」而已。

這是佛陀的解答，其實也沒有那麼複雜難懂，有人說「佛陀經常否定這個又否定那個」，其實佛陀並沒有否定任何東西。

只要了解到「無我」，所有人類的問題都得以迎刃而解。因為一旦了解到「無我」，就代表有智慧與理性，可以自由自在思考天地萬事萬物，並且可能會產生新的發想與創意。

因此，答案就在於「無我」。假如你希望擁有個人特色或追求其他事物，只要「無我」就一定可以達成。

為什麼老是無法產生新的創意呢？主要是因為「有我」，因為陷入「有我」錯覺中，每個人就會變成行事風格採單一模式、在既定的、教條式的軌道中行走的保守主義者。換句話說，「有我」就等同保守主義，因為「我」就代表「不變的」、「既定的」、「決定性的」。

相反的，「無我」則是進步主義，為什麼無我會是進步主義呢？是因為「一切並不是固定不變的」。

所以，我們每個人都應該學習「無我」。

第1章

想要理解「無我」是很困難的

「我」是宗教家創造出來的概念

序章已經談過，一切問題的根源都在於「有我」，因此，我們必須很認真去思考究竟什麼是「我」？什麼是「我執」？什麼是「有我」？

古時候的人忙著種田、忙著狩獵、忙著捕魚、忙著生產物品、忙著戰爭，根本無暇考慮究竟有沒有「我」，再者，日常生活上也不需要用到這種知識，不管有我或無我，對耕種來說毫無妨礙。

但是宗教家卻不同，世界上的各種宗教都在說明「有我」。宗教家停止耕種也停止生產物品，開始思考神的存在、靈魂的存在以及死後世界等問題，正因為他們比一般人更了解艱澀難懂的事情，才會在不知不覺間受到人們敬重。

「死亡是恐怖的」，此乃眾人共同的心聲，而且死亡屬於宗教家所管轄，因此，倘若親屬之間有人死亡的話，活著的家屬通常都聽從宗教家的忠告。再者，人生在世就算活得兢兢業業，也難免遭遇挫折失敗，耕種時如果長期不下雨或是洪水氾濫，收穫就可能變成零，令人感到困擾。因此，宗教家就會利用類似「神的旨意」亦即一般人難以理解的概念來安慰眾人，於是，宗教組織逐漸變成一般社會大眾不可或缺的。

每個人都不想死，認為死亡很可怕，但是，沒有一個人可以免於死亡。人們對死亡的恐懼，更有利於宗教家的存在。只要談一談安穩的死後世界，就可以不受到質疑而確立了整個市場。

在這種狀況之下所開發出來的商品就是「我」，一旦因為死亡而破壞「我」，將會造成很大的困擾，於是，「死後的『我』不會毀壞」的說法也就應運而生。宗教家開始出售兩大商品，其一為「自我永遠幸福之道」，其二是「永遠不幸福之道」，這是因為人們既害怕死亡，又害怕不幸，所以，就被趕鴨子上架似的需要宗教家的協助。

正因為創造了一個「我」的概念，因此由古至今，宗教這個組織的主旨就在於幫助人們安定「我」。換言之，「我」是宗教家設想出來的概念，所以並不歸一般市井小民所管轄。

各種不同的「自我論調」紛紛登場

世界上有各種不同的宗教，各個宗教所談論的「我」也不盡相同。

打從人類開始思考事情的時候，就一直被旁人告知「有我、有我」，於是人們漸漸開始認為每個人都有一個「我」，幾乎沒有人會懷疑到「真的有我嗎？」因為幾乎所有宗教都只是告訴人們「有我」，就沒有再做任何解釋了。

但是，印度文化卻出現許多宗教，這些宗教家卻不是一味盲目的相信「有我」，他們則是開始思考「何謂『我』」。

印度文化在最早的階段，甚至還認為所謂「我」，就是一個如拇指大小、近似人類形狀的物體，不久之後，又陸續衍生出各種不同的論調，有人認為「我」像宇宙一樣無限大，有人認為是有限的，也有人認為「我」死後會長生不老不久之後就毀壞，也有人認為絕對不會毀壞。陸陸續續不斷出現各種不同的思想體系，甚至出現「我」的專有名詞，那就是「阿特曼」（Atman）。

「我」與「阿特曼」

這裡所說的「阿特曼」是梵語（古印度語）「Atman」，意為「真我」、

「內在的自我」、「我」。

之所以要介紹「阿特曼」是有其緣由的，真正深入探討「阿特曼」的只有印度人。阿特曼的原意是「人的根源」、「人的根本」，也就是「靈魂」，換句話說，阿特曼指的是「人的根源就在於靈魂」。

不過，並不是只有印度才談到「靈魂」，許多國家都曾經談過「靈魂」，不同的是，這些國家對靈魂的解釋顯得半調子，並沒有針對「靈魂」專研，真正對「靈魂思想」發展出一套思維的就只有印度而已，這是可以確定的事。

中國擁有悠久歷史，哲學方面也很優秀，但是卻不了解何謂「靈魂」？中國人在思想上認為一切萬物都有「氣」的存在，萬物之所以能夠形成，都有其隨時運行變化的「氣」，而且萬物的多樣性與變化性都是由「氣」所造成。

阿拉伯文化、猶太文化、西歐文化也都談論到「靈魂」，然而卻缺乏與

「靈魂」相關的想法。

因此，若要談論「靈魂」、談論「人的根源」、談論「人的根本」，就唯有使用「阿特曼」這個用語了。

你了解「生命的本質」嗎？

英語用「soul」、「spirit」，梵語用「prāṇa」、「atmān」，日文用「我」、「魂」、「靈魂」等等的詞彙來表現「某種東西」，然而，這個「某種東西」究竟是什麼東西呢？

這是一種想法，也可說是一種信仰，亦即一個死後仍不會結束、死後仍會一直持續、永遠不滅的某種「實體」。

「阿特曼靈魂」是很堅固的，即使人死後也不會毀壞，是永遠持續不斷的。人們認為「阿特曼靈魂」當中確實存在著「某種實體」，而且這個「某種實體」就活在我們的身體當中。

我們常說「每個人有一條命」，不過，真正的生命本質就是「阿特曼靈魂」。這樣的解釋方式，大家就會露出「總算了解」的表情了，就算還是有點搞不清楚，表情卻顯出「終於了解了」。然而，大家真的都了解了嗎？世上真的有阿特曼的存在嗎？你認為存在呢？或是認為不存在呢？你對此事曾經質疑過嗎？你認為自己絕對不是受到既有觀念的影響而盲從嗎？你認為自己絕對不是受到洗腦嗎？你對此事有絕對的自信嗎？

有關「靈魂」的奇妙解釋

宗教對靈魂有一些奇妙的解釋。一種奇妙的解釋是「只有人類才有靈魂」，另一種奇妙的解釋是「一切生命都有靈魂」。

接受度比較高的是前者「只有人類才有靈魂」，也就是說，擁有靈魂是只有人類才享有的特權，正因為是特權，大家就更加無限上綱。更因為宗教告訴人們說：「只有人類才有靈魂，動物沒有靈魂」，因此屠殺動物是被允許的，甚至未經殺害就直接生食也無妨，諸如高級料理所說的「活吃○○」的殘酷吃法也沒關係，這都是因為動物沒有靈魂，人們就可以如此恣意妄為。

如果有人說動物也有靈魂，恐怕就會讓人感到很不舒服。例如有人跟你說：「連蟑螂都有靈魂！」我想這一定是你很不想聽到的。

總之，人的個性真的很值得玩味，一想到「我才是最偉大的」，就會覺得心情愉悅，所以，「只有人類才有靈魂」已經不算一回事了，如果又聽到別人說「你擁有很特別的靈魂」，就更想聽對方繼續說下去；如果對方又說「你擁有一般人所沒有的靈魂」，恐怕就更加得意忘形了。

靈魂是什麼？相信就對了！

靈魂理論所具備的第一個特色就是「相信靈魂確實存在」。相信靈魂是存在的。不用去證實或實驗靈魂的存在，也不用去研究或調查，重點只在於相信或不相信靈魂存在，只要說「相信」，這樣就結束了。

我曾經花費數年時間鑽研佛陀的教義與想法，其實根本不需要這麼努力。有關靈魂與神的關係我將會在後面說明，其實宗教也是如此，就只有一句話：「你相信有神嗎？」

「我不信！」、「這樣有點麻煩喔！不信神的話，你會下地獄喔！」「是這樣嗎？好吧！那我就相信！」接下來就是受洗或接受各種儀式，根本就不需要浪費心思去思考。對「靈魂」的看法也是一樣，只要「相信」就夠了，沒有其他更好的方法了。

沒有方法可以證實靈魂存在

靈魂理論的第二個特色就是「靈魂是否存在是無法證實的」。

靈魂應該是我們身體內最重要的，但是，我們卻無從知道靈魂究竟在什麼地方，甚至我們根本無法證實靈魂存在，沒有任何人可以證實「靈魂確實存在」。

儘管如此，人們還是徹底相信靈魂的存在。如果有人說：「靈魂是不存在的！」

此人一定會引起眾人撻伐：「你在胡說八道些什麼？靈魂是絕對存在的！」

對於這種整個腦袋都相信靈魂存在，並且一再堅稱「靈魂絕對存在」的人，究竟該如何跟他們對話呢？他們很早就受到盲從信仰的洗腦，只要你說「靈魂是存在的」，大概就可以跟他們一起探討此事；但是，如果由他們口中說出「靈魂是確確實實存在的」，恐怕根本就沒有任何探討空間了。如果他們說：「總之，相信就對了！」我倒是覺得這似乎有點侵害到人權，而且有這種想法的應該不只我一個人吧！

靈魂理論和神的理論屬於相同的架構

靈魂理論有兩種特色，其一是「相信就對了」，其二是「無法證明」，這一點和神的概念完全相同。

對於神也一樣是「相信就對了」，如果有人白目到要去證明神的存在，這簡直就是冒瀆神明；再者，我們根本無法證明「神真的存在」。不可否認的，世界上還是有人一心想要證明神的存在。不久前我在某個網站上看到有個人想要證明世事的美妙，而寫了以下的文章。

他在網頁上貼了幾張非常美麗的大自然照片與圖畫，文章的描述是：

「我們經常可以欣賞到如此美麗的風景，都是因為神的賜予，由此可以證明神的存在。」這簡直是狗屁不通的道理，我承認那些都是非常美麗的風景，但是，究竟從哪裡可以證明那是神的賜予呢？

相反的，如果說「大自然都是神所賜予的」，那麼，地震、海嘯又該如何解釋呢？這不也是神所賜予的一部分嗎？所謂「因為有美好的事物，證明有神的存在」，這個邏輯只在於證明美好的事物，不在於證明不好的事物。

靈魂是神的「分公司」

靈魂和神其實是一樣的姿態。在歐洲，這方面的理論並不發達，沒有人將靈魂與神的關係加以整理，所以一般人很難理解個中道理。不過，印度在這方面的理論比較發達，因此，靈魂等同神的關係就非常明確。

簡而言之，靈魂本身有一個總公司，這個總公司就是絕對之神——婆羅門。婆羅門在不同的地方開設了很小很小的分公司——靈魂，也就是我們每一個人的阿特曼靈魂。

前面曾經提到有關靈魂的兩個特色，不過，印度教最早認為只有人類才有靈魂。在西元前三千年到八百年之間，動物是沒有靈魂的，之後的教義經典中變成動物也有靈魂，再經過一段時日之後，連植物也有靈魂。神的生意也就越做越大，慢慢擴展出分公司，這倒是很有趣。

不過，這屬於信仰目標，不可以說「很有趣」。如果有人說：「植物也有靈魂！」就只能回答說：「是的，我懂了！」如果又有人說：「植物沒有靈魂！」也只能回答說：「是這樣嗎？我懂了！」

無法跟正常人證明「靈魂存在」

前面已經談過，沒有人可以證明靈魂真的存在，不過，還是有人藉由神秘體驗、自我暗示或心靈控制來證實靈魂的存在。

確實也有人曾經有過「靈魂」的體驗，有人聲稱在做瑜伽或其他事情時，突然感應到靈魂或神明降駕等等的經驗，這也是事實。

但是，這些都只是他個人所認知的，正常人根本無法理解。

西方經常有人使用「心靈控制」的手段，只要有人大聲哭叫：「大家快看！聖靈已經降臨了！」一聽到這句話，在場的人都興奮到全身顫抖，有人甚至還手舞足蹈或身體扭曲變形，因為每個人都「感應到」聖靈，而且如果沒有陷入這樣歇斯底里狀態，就無法「感應到」聖靈存在。

靈魂信仰擁有悠久的歷史

儘管「正常人」無法理解靈魂的存在，然而靈魂信仰的歷史已相當久遠。早在狩獵時代就已有靈魂信仰，換句話說，當人們開始意識到自我存在的時代起，人們就有了靈魂信仰。

我們無從得知動物是否知道自我的存在。動物看到獵物時，通常都是死命追趕，若以家貓為例，平常看牠一動也不動，一看到某種東西就飛奔過去，閒閒沒事就呼呼大睡，過得輕鬆自在。

但是，人們則懂得自己的存在，而且當人們察覺到「有我」的時候，就開始思考「我是誰？」由印度教的古老經典當中，就可以得知人們從察覺到「有我」之後，開始構築出一個龐大且無從得知緣由的絕妙無比的哲學的過程。

深入研究靈魂的，是一些與「奧義書」有關的人們，他們不像一般的婆羅門只追求或祈求現世利益，而是過著樸實生活，認真思考人生哲學，整個腦袋裡很認真思考「用何種方法可以證實靈魂存在」、「何謂靈魂」，這種思考本質是一項極高度的哲理。

所謂「奧義書」（Upanishad），源自梵語的「近坐」，原意是師徒對坐由師父對弟子進行傳道授業的秘傳，並將此秘傳收錄成文獻而成「奧義書」。

他們師徒離群索居，由師父親自傳承教義。他們並不把想法傳授給一般人，因為他們所談論的內容不是一般人聽得懂的，一般人只需專心祈禱就夠了。

「奧義書」裡面留下許多他們的主張，這些都比佛陀早一些些就開始成立了。據傳奧義書當中的「Brihad-āraṇyaka upaniṣad」、「Chāndogya-upaniṣad」、「Taittiriya-upaniṣad」早在佛陀之前就已寫成，其餘的奧義書幾乎都是在「南傳大藏經」之後才寫成。後來所寫的比較條理清晰容易理解，早期的奧義書內容比較鬆散，缺乏清楚的條理。

總而言之，有關靈魂的信仰其實已有相當長久的歷史了。

「可能有靈魂存在吧？」衍生到「應該有靈魂存在！」

話說回來，靈魂一詞究竟是如何出現的呢？

當人們感覺到「自己的存在」時，接著又進一步察覺到「似乎有某種東西存在」。也就是說，一開始只是大略感受到「自己的存在」，再由此種感受當中，逐漸產生疑問：「如果自己真的存在，應該就有一個足以證明自己存在的東西才對！」、「所謂『自己』一定存在著某種東西。」

就在不斷思考當中，又逐漸衍化成「如果沒有的話就顯得很奇怪」、「應該是存在的吧？」後來又在不自覺之間演變為肯定的「應該是存在的」。

這個「應該是存在的東西」在人們的思考當中已然成形，卻依然無法實際證明，因此才會演變為「信就對了」。人們無法證明靈魂存在，只能選擇相信，個中理由也在於此。

我們也經常說「應該是有的」。例如：自己一直認為「我應該有錢」，結果一看銀行存摺卻沒有錢，並不是別人把錢領走，而是原本就沒有錢，只是個人一直覺得自己有錢。在我們的生活當中，經常發生這種情形。

也就是說，「應該是有的」並不等於「真的有」。

「靈魂存在」的前提下才有世界的形成

儘管如此，不論人類的文明或文化，都是在「靈魂」這個概念的前提之下發展而來的。即使在文學的範籌，也全是以「靈魂存在」為前提建構而成。不論小說或戲劇作品，從不曾以懷疑的眼光來看待靈魂。

例如莎士比亞的作品，也是以靈魂為主題架構而成；日本的神話故事通常也以靈魂為主架構。因此，如果「靈魂不存在」，我們就很難思考任何事情。就算是科幻電影也是一樣，正因為有惡魔的靈魂、有神的靈魂，才會發生某種事情，這其中就包含了永遠不滅的靈魂的概念。

換言之，「靈魂存在」的想法是非常強烈的。

「順世派」（Lokāyata vāda）是古印度非常優秀的唯物主義哲學流派，但是因為此流派遭到嚴厲抨擊，最後只留下一部由Jayaraśi所寫的經典『Tattvopaplavasimha』（西元八〇〇年左右），但是，自佛陀時代開始，就有許多人談論唯物論。

大約和佛陀相同時代的阿耆多翅舍欽婆羅（Ajita Kesakambala）主張生命是由「地、水、火、風」四大元素和感覺器官組合而成，死後四大分散一切化成無，詳細內容這裡不多贅述，總之，他認為「靈魂並不存在」。但是，當時許多人激烈反對此論調，主張「靈魂絕對存在」，唯物論者只好採取妥協態度，主張「靈魂是存在的，不過，靈魂是一種物質」。

然而，此種論調仍然受到激烈抨擊，反對者堅決主張「靈魂不應該是物質」，於是唯物論者只好又進一步妥協，阿耆多翅舍欽婆羅將原有的論調修正為「感覺器官可以聽、看、思考，這就是靈魂，因此，人死後，靈魂會飛往空中，燒掉遺體之後，靈魂就會自身體跳脫出去。」阿耆多翅舍欽婆羅是一位嚴謹的唯物論哲學家，他否定「靈魂永遠不滅」的論調，但是，他卻不敢堅稱「靈魂並不存在」。

由此可知，這些唯物論者是非常希望能夠堅守自己的立場，但是，連唯物論者都不敢堅稱「靈魂並不存在」，由此可知當時的情勢一定很嚴峻。就在此種態勢下，不論宗教、哲學、文學、傳統故事等等，都在宣揚「靈魂＝我」的立場。在數千年之間，我們一直存活在「靈魂存在」的思想世界中，並且不斷進化。

也因為這樣，不論在我們的頭腦或遺傳因子中，根本就無法理解佛陀所說的「無我」；亦即在一般的常識中，根本就不了解何謂「無我」，甚至可以說我們根本就缺乏知識能力去理解何謂「無我」。

第2章

為什麼無法理解「無我」——佛教的見解

一切現象皆屬生滅的流轉

接下來，讓我們來討論之所以無法理解「無我」的理由。佛教認為這與「認知」有關。一切現象並不是固定不變的，而是類似某種震動或是生、滅、生、滅的波動，出現、消失、出現、消失，而且是一種劇烈的流轉。生、滅在某種意謂上就有如交流電，藉由出現與消失而產生電流。換句話說，物質的生滅其實也沒有很艱澀難懂。

如果說「生滅」這個詞彙很難懂的話，用「有無」來表現也無妨，雖然說用「有無」來表現未必很恰當，但是，其實古印度的巴利語就有「有（atthi）」和「無（natthi）」這兩個詞彙。

感覺器官也是由「生、滅」流轉所形成

就讓我們以耳朵為例試著來解釋一下。耳朵是感覺聲音的感覺器官。縱使外形不像我們的耳朵，如果身體的某個部位可以感受到聲音，應該也可以將此部位稱為「耳朵」。例如人類的耳朵有耳垂，蛇並沒有耳垂，不過，蛇也擁有可以感受聲音的感覺器官。再者，青蛙也可以感受到聲音，但是青蛙的耳朵並不同於人類，青蛙是靠著眼睛後方的薄膜，觸摸青蛙眼睛，或許是因為很痛的緣故，牠的眼睛立刻往內縮。

類似這種感覺聲音的耳朵，也是由「生、滅」或「有、無」的流轉組合而成，我們絕不能僵化式的去思考「耳朵」這個東西。身體其實也是由分子組成，分子則是由原子組成，最後甚至追溯到「基本粒子」的存在，亦即必須

考慮到「基本粒子」的級別，甚至可能不僅止於「基本粒子」而已。因此，人體也是在「出現、消失、出現、消失」的感覺當中不停震動。

有耳朵加上有聲音，才會產生聲音的感覺

聲音也是「生、滅」（有、無）的流轉，耳朵也是「生、滅」（有、無）的流轉，「有」耳朵又「有」聲音，當二者碰撞在一起的時候，就會產生反應，此種反應就是「聽到」，也可以說是「產生感覺」。

感覺器官分為：眼、耳、鼻、舌、身、意（六根）。可認知的對象分為：色、聲、香、味、觸、法（六境）。當六根碰觸到六境的時候，就會產生視覺、聽覺等感覺或六識（眼識、耳識、鼻識、舌識、身識、意識）。

所謂感覺、認知皆屬認知的機能，由心（nama）來分類，物質的生滅比較緩

慢，心的生滅變化極為快速到驚人的程度。

我們只認得四分之一的現象

但是，「無」耳朵的時候、或是「有」耳朵卻「無」聲音的時候，就不會產生聽覺。把此種情形加以圖像化的結果就是：「有」感覺器官的話，如果也「有」認知對象的話，就會產生「認知」；但是，即使「有」感覺器官卻「無」認知對象的話，就無法產生「認知」。同樣的，如果「無」感覺器官，就算「有」認知對象，也無法產生「認知」，再者，「無」感覺器官也「無」認知對象，當然就無法產生「認知」。

也就是說，感覺器官的「有無」和認知對象的「有無」之間共有四種組合方式，但是，我們人類可以產生認知的只有其中一種模式而已。換句話說，我們

感覺器官	認知對象
有	有
有	無
無	有
無	無

→

認知
有
無
無
無

感覺器官與認知對象
一共有四種組合方式，
我們卻只對其中一種組合方式
可以產生認知，
這個模式就是「有」感覺器官
和「有」認知對象。

僅僅能夠認出四分之一的現象而已，由此可知，我們根本無法完全如實的認知完整的現象。

一切都是站在「有」的立場之下所產生的認知

只有在感覺器官和認知對象同時都「有」的情況之下，我們才能產生認知。「有」東西時我們才看得見，「有」聲音時我們才聽得到，「有」觸摸得到的東西時我們才可以感覺到「觸摸」；也就是說，這些我們可以認知到的東西全部皆屬「有」的狀態，而且這些認知一再累積之後，就是我們所謂的「知識」。

因此，我們的知識全部都是「有」的境界所產生的知識。

早從太古時代到現在的長久歲月中，人們認知各種事物並從其中堆疊各種知識，但是，人們所認識的都只是「有」的東西。

我們常說「有錢」、「有國家」、「有歷史」、「有過去」、「我們的祖先是猴子」總之，人們的認知或知識都僅限於「有」的世界，然而這絕不是永久不變的知識。

每個人都知道萬事萬物都是不斷變化的。就如同把水倒入電壺插上電源就會沸騰一樣，萬事萬物不斷變化是理所當然，儘管如此，我們卻依然不了解這一切都是因為「生滅有無」的流轉所造成。

「無」是「有」的減法

假設我們的錢包裡面並沒有一張一萬日圓的鈔票，卻有人無法認知錢包裡「沒有錢」這件事。但是，如果說昨天「有」一張一萬日圓鈔票，後來「沒有」，他就知道「錢包沒錢」這件事；或是原以為錢包裡「應該有錢」，後來卻發現「沒有」。

總之，「有」這件事可以幫助我們去推測，也就是說，我們只能用減法從「有」來推測「沒有（無）」，我們本身並無法認知「無」的真正意思。

假設我們把彈珠放在手掌上，由於可以觸摸到彈珠，所以我們可以知道有彈珠在手上，一旦把彈珠拋掉，就不再有此認知。接著再閉上眼睛，讓彈珠在手掌上彈跳，當彈珠飛在空中時，我們並不知道彈珠的存在，當彈珠落在手掌上的時候，我們就知道「有」彈珠；然而當彈珠又彈到空中時，我們又不知道彈珠存在，直到彈珠落在手上，才又知道「有」彈珠。也就是說，我們只知道「有」。

「有我」的真實感覺

接下來，讓我們來探討所謂的「我」。

正如前面所說的，感覺器官是「生滅」的流轉，認知對象也是「生滅」的流轉。當感覺器官和認知對象皆屬「有」的時候，兩種流轉才會碰撞在一起而產生認知。產生認知的時候，也同時感覺到「自己」，因此每次看到某種東西時，一定就會感覺到自己的存在。例如每次聽到某種聲音時，就會產生「有我」、「有我」的感覺。這就是陷阱。明明就只是感覺，卻會啟動思考能力，達到一個不正確的結論——「有感覺，所以有我」。我看得到、我聽得到，所以結論是「有我」，然而這並不是正確的結論。

不過，若說這是一個天大的謊言，其實也並非如此。

感覺器官的「有無」和認知對象的「有無」之間共有四種組合方式，我們卻只對其中一種模式產生認知，也就是只有感覺器官和認知對象都「有」的組合之下，我們才能產生「認知」，剩餘的四分之三我們都無法認知。僅憑我們所認知的一部分就要找到結論，當然不見得正確。

也因此，我們根本不了解「無」，才會一直堅信「有我」。

貪瞋癡產生「我」「靈魂」「魂」的錯覺

我們會感覺到「自己」、感覺到「有我」是很普通的一件事，並不值得大驚小怪，也不需要小題大做。

問題在於我們經常把貪瞋癡的情緒揉合在一起，產生「我」、「靈魂」、「魂」的錯覺。

三毒指的是貪、瞋、癡。

所謂「貪」，意指貪心、貪欲。

所謂「瞋」，意指發怒。

所謂「癡」，意指對真理的無知。

人之所以「有我」，都是把貪瞋癡揉合在一起所造成。

也就是說，因為感覺到「有我」，才會產生貪心，一再執著於自己的生命，就會產生各種想法如「我不想死，一定可以找到不會死的方法」、「一定可以找到長生不老的方法」。

中國古代有人嘗試製作長生不老秘藥，結果反而早死，有些人就不這麼大張旗鼓去調製什麼秘藥，而是改用頭腦思考，想出一套說詞來欺騙眾人。

於是就說「就算肉體壞掉也不用擔心，因為還有靈魂」或是說「靈魂不會死，靈魂才是真正的自己」，對於充滿貪念的人而言，這種說法反而是一種好消息、是一個福音。

這種對靈魂的錯覺，其實是因為人有情緒才會產生的。

其實動物本身也有「自我」的感覺，因為動物會看、會聽、有感受，自然就會產生「自我」的意識。因此當貓咪聽到有人喊牠的名字時，就知道有人在叫牠，就會靠過來跟人玩耍。

但是，動物並不懂得思考上的貪瞋癡，因此牠們絕對不會想到「一定有一個『我』的存在」、「有靈魂存在」、「一定有一個絕對不會死的東西存在」等問題。但是，人的貪瞋癡越強的話，就會對靈魂產生更多遐想並創造出許多與靈魂相關的概念。

這就有點犯了駕駛上的錯誤了，就好像開車到彎路時，不僅不懂得要轉動方向盤，相反的還加快油門，結果當然就會撞牆了。一般人難免都會感覺「有我」，光是「有我」就已是不正確的觀念，緊接著又無法跟他解釋清楚，一旦又和貪瞋癡混成一團的話，最後一定會發展為「一定有一個『我』的存在」、「有靈魂存在」、「一定有一個永遠不死的東西存在」。

接著又膨脹成「唯我論」、「天堂與地獄」、「永生不死」

緊接著，人們又進一步產生妄想，創造出與靈魂相關的理論、創造出與天堂、地獄相關的各種故事、甚至也創造出永生不死的話題，其實宗教本身就是一種神話。

日本從古代就流傳各種故事，例如著名的童話故事「開花爺爺」，描述的是死去的愛犬靈魂為主人帶來財富，雖然這些日本的童話故事完全與宗教無關，然而類似的故事情節在其他文化當中卻成為宗教的經典。

例如印度教的經典幾乎都與神話有關。『摩訶婆羅多』是印度教徒極為重視的經典之一，作者據稱是「廣博仙人」，不過，『摩訶婆羅多』其實是由吟遊詩人相繼傳承而留下來的敘事詩，也算是屬於文學作品。這部經典厚達十八卷，其中的故事情節閱讀起來極為無趣，如果有人問『可蘭經』或『摩訶婆羅多』讓我選擇其一的話，我會選擇『摩訶婆羅多』，可是閱讀起來其實非常辛苦。

『摩訶婆羅多』第六卷第二十五章到四十二章當中的七百偈，名為「薄伽梵歌」，被印度教徒視為神聖經典，也是現在的印度教非常重要的經典之一。雖然說『摩訶婆羅多』是神聖的經典，其中所談的卻是一段故事。膽小的阿周那的親族之間發生大戰，阿周那眼見許多親友都在敵人陣營，令阿周那幾乎喪失戰鬥意志，當時充當他的馬車夫的黑天神勸導阿周那，最後成功說服阿周那參戰。『摩訶婆羅多』就是在敘述這個故事情節，是一段非常普通的故事。由此可知，任何宗教通常都用各種故事做為經典，不過，佛教的經典則是將佛陀所言編輯而成，是一個非常紮實的經典，卻受到許多學者抨擊說太無趣。總之，人們把「有我」的實際感覺攙雜了貪瞋癡創造出「自我」，然後又創造出各種故事情節。

例如：印度教的經典中只談到梵天神創造出印度人，從未寫到梵天神創造了其他國家的人，並且規定了「種姓制度」，這個種姓制度也僅適用於印度人。各位不會是「婆羅門」（祭司貴族），不會是「剎帝利」（王族），不會是「吠舍」（商人），也不會是「首陀羅」（農民、手工業等生產者）。神創造了四個種姓，把人劃分為不同等級，這裡所謂的「人」只針對印度人，因此，擁有人身主體的「靈魂」的也只有印度人而已。

但是到了以色列之後，擁有靈魂的只有猶太人而已，才會出現超越靈魂論的說法如：「上帝特別創造我們這個民族」、「我們是上帝特別創造的民族」，其實這是一種傲慢的論調。

類似「我們比其他民族優秀」、「我們享有特權」的論調中，其實裡面涵蓋有各種排他的、歧視的看法。這些通通都是人們自行捏造出來的故事，根本就毫無科學根據可言。

想要活下去是「貪念」、不想死是「瞋心」

這些根本就不是事實也毫無科學根據的故事為什麼卻能夠緊抓人心呢？

每個人都有想要活下去的「貪念」，也有不想死的「瞋心」。「不想死」的想法並不是「貪念」，而是「瞋心」（所謂瞋，就是得不到我們想要的或是得到我們不想要的，卻又無法控制，因而產生忿怒、仇恨等心情。死亡是我們不想要的，想要避免的，因此，不想死就屬於忿怒情緒）。正因為我們擁有這類的貪念和瞋心，才會在原本就不存在的「靈魂」之中，又緊抓住「有我」的錯覺。

這就有點類似漫畫「七龍珠」裡尋找七個龍珠的故事。其實孩子們都知道這個世界上根本沒有七龍珠，但是他們卻很喜歡整個故事情節，甚至緊緊抓住七龍珠的概念。於是許多廠商紛紛製作各種相關商品大賺一筆，孩子也樂得從口袋裡掏錢買各色各樣的卡片或商品，而且樂此不疲。

我們就和這些緊抓七龍珠相關商品不放的孩子完全一個樣，我們緊抓住原本就不存在的「我」，然而這個「我」卻和七龍珠一樣都是一種錯覺，從來沒有人證實過「我」的存在。

第3章

發現「無我」的真理

沒有找到答案是因為方法錯了

因此，佛陀乃嘗試了一些新的探討方式。

佛陀並不以既定的思考模式來探討這個問題。

其中的理由很簡單，因為每個人都拼命在尋找「我」，並且嘗試做各種觀察、思考、修行、實驗等等，但是卻從未有人找到答案。

許許多多印度人嘗試各種方法想要探討靈魂。

勵志苦行的人認為肉體一旦遭受污染，也會污染到靈魂，因此他們想盡辦法徹底磨練肉體，採取不吃不喝的斷食斷水、止息、不睡、站立不動、長跪不起、或是頭下腳上倒掛在大樹上等等的苦行方式，他們認為藉由種種苦行應該可以遇到乾淨的靈魂。

古印度婆羅門教的部分教徒非常沉溺於此，他們主張肉體與靈魂是一體的，只要對肉體採取極端苦行，靈魂應該可以達到幸福境地。

此外，婆羅門教也藉由求神、徹夜念誦吠陀經、練習真言咒語的正確發音等等苦行來探索阿特曼。

然而，縱使費盡心思做許多努力，仍然無法找尋到阿特曼。

佛陀的立場非常明確。佛說：「之所以無法找到，是因為方法錯了！」

假設已經苦行長達二十年，卻依然找不到阿特曼的話，就表示「苦行」這個方法是錯誤的。佛陀的看法就是如此簡單。

沒有人知道事實真相

正因為沒有人找到正確答案，所以不同的意見就不斷增加。苦行者堅持對靈魂的看法是這樣，但是否定苦行的人對靈魂的看法又不盡相同，在當時來說，人們對靈魂的看法堪稱五花八門，耆那教的經典對靈魂的說法就有很多說法，不過總的來說有可能是模仿佛教的說法而來。

總之，有的人說靈魂很小，也有人說靈魂很大，甚至還有人認為靈魂是有顏色的。

凡事都強調宿命論的邪命教（Ajivika）認為靈魂有七種顏色，但是並不是像彩虹一樣的連續排列方式，藍魂就完全是藍色，紅魂則完全是紅色，一如每個人擁有不同的個性一般，靈魂也有不同的顏色。不過，邪命教並未留下經典，而是在佛經中曾經引用到，所以很難具體說明。假設說藍色靈魂的人個性比較陰暗，那麼如果有一個人平常個性就很灰暗，總是低頭走路，臉上完全沒有笑容，從來不跟人吵架，總是縮在一旁發愣，這種人就被歸類為「他的靈魂是藍色的，個性很灰暗」，就以此人的個性來證明有靈魂存在。

然而其他宗教卻對此種說法嚴加批判說：「靈魂又不是可以隨便染上各種顏色的布料！」此種批判其實在某種意義上是正確的，因為邪命教認為最原始的靈魂是沒有顏色或白色，所以才會提出此種主張，此種思考方向和猶太教非常雷同，這都是因為他們堅稱自己的靈魂才是最好的而創造出來的說法。

這些人之所以會對靈魂提出各種意見，主要是因為沒有人真正了解靈魂的真相。總之，這些既有的思考方式都不正確。

不是「我」，是「無我」

因此，佛陀開始探討「有我」的起源，並且很徹底、很精密又很科學的去研究所謂的「有我」。

在佛陀追根究底之下終於找到答案：「根本沒有『我』的存在，是『無我』」，也就是說佛陀不斷研究所謂的「我」，終於發現「無我」的真理。所謂「無我」，就是「沒有我」。發現這個「無」是相當困難的。要證明「有」很簡單，但是站在科學的立場，如果要證明「無」卻是非常困難。

既然如此困難，佛陀又是如何分析的呢？

沒有阿特曼（我）——五蘊、五執蘊

接下來所要談的就是大家耳熟能詳的佛教的教義。

首先讓我們試著來想一想「『我』是由哪些要素所構成呢？」

一切生命都是由色、受、想、行、識這五種功能和合而成，稱為「五蘊」（pancakkhandha），又稱為五執蘊或五取蘊（pañcūpādānakkhandha）。

①色（rūpa）—物質、肉體

②受（vedanā）—感覺

③想（saññā）—概念（藍色、黃色、圓形等等）

④行（sankhārā）—欲望（想做事的能量、衝動）

⑤識（viññāṇaṃ）—認知。

①是肉體，②是感覺。正如前一章節所言，我們有肉體，肉體當中有感覺。再由此感覺當中產生③的種種概念，才會有「紅色」、「圓形」、「大」、「小」之類的概念，也就是產生思考之前的「概念」。

我們隨時都有「想坐下來」、「想走路」、「想說話」、「想睡覺」等等的④欲望與衝動的能量。

有了感覺、概念、欲望之後，我們就會產生⑤認知。

所謂「我」，就是由這五種功能和合而成。

這五種功能經常發生變化，肉體也隨時在變化，感覺當然也是經常變化。例如走到外面就很涼爽，一進到屋裡就感到悶熱，這就是感覺的變化。

變！變！變！色、受、想、行、識就是如此劇烈變化，構成人體的這五種要素無時無刻都在變化當中，這就是「無常」。這些絕不是永遠不滅、也不是絕對不會變化、固定不變的實體——阿特曼。換句話說，人體裡面並沒有阿特曼（我）。

因此，佛陀的結論是——「無我」。

沒有阿特曼（我）——六根、六境

接下來讓我們改變一下觀點，從「認知」的世界來加以探討。

為什麼要從「認知」的世界來探討呢？正如前面說過的，因為有感覺，才察覺到產生感覺的「我」，因而感覺到「有我」。

前面的章節談到，六種感覺器官（眼、耳、鼻、舌、身、意）碰觸到六種認知對象（色、聲、香、味、觸、法），因而產生了感覺。

而且前面也談到，眼、耳、鼻、舌、身、意的六根是經常變化，所以是

「無常」，六根絕對不是固定不變的，所以，這些絕不是永遠不滅、也不是絕對不會變化、固定不變的實體——阿特曼。

再者，引發感覺的色、聲、香、味、觸、法（六境）也是經常變化不斷的，聲音是經常變化、看到的也經常變化、味道也經常變化。你不妨試試用舌頭舔一顆糖球，就會發現從頭到尾的味道並不相同。因此，這六種認知對象（六境）也是無常，這些絕不是永遠不滅、也不是絕對不會變化、固定不變的實體——阿特曼。所謂「無常」，就是沒有任何一物是「完全不會改變的」。

由六根與六境所產生的認知＝六識（眼識、耳識、鼻識、舌識、身識、意識）也是「無常」。

當我們看到某種東西時，往往會產生快樂或悲傷的感覺，也就是說，我們的感覺是經常變化的，例如看到玫瑰花就感覺快樂，看到垃圾就覺得不舒服。假設我們的感覺永遠不變、不是「無常」的話，反而是很危險的。

假設有人看到一具遭殺害並被棄屍在山上的屍體時，嚇得屁滾尿流，驚聲尖叫，別人聞聲趕過來關心，第一位發現屍體的人依然嚇得說不出話來。換句話說，如果眼睛所看到的現象一直殘留在腦海裡的話，其實是很危險的。

相反的，如果我們吃了一頓美味無比的大餐，整個味道永遠殘留在舌頭上的話，又會發生哪種結果呢？所以說，「無常」是非常好的，假如世上萬物都永遠不變，反而是大不幸。

由此可知，認知是無常的，這些絕不是永遠不滅、也不是絕對不會變化、固定不變的實體——阿特曼。認知所引起的煩惱也同樣是無常的，這些絕不是永遠不滅、也不是絕對不會變化、固定不變的實體——阿特曼。

感覺器官（眼、耳、鼻、舌、身、意）也是無常的，認知對象（色、聲、香、味、觸、法）也是無常的，由此而產生的認知＝六識（眼識、耳識、鼻識、舌識、身識、意識）也是無常的，一切都是無常的。因此，絕對沒有一個永遠不滅、絕對不會變化、固定不變的實體——阿特曼。總而言之，沒有「我」，也就是「無我」。

無常，所以無我

前面已經談過，一切現象都是「生、滅」的流轉、「有、無」的流轉，我們無法在這個「有、無」的流轉中直接認知到其中的「無」。雖然我們無法直接認知到其中的「無」，其實只要仔細客觀的觀察，就可以發現到前面的現象和後面現象的差異。

稍早之前，我曾經談過錢包裡一萬日圓鈔票的故事，由這個故事即可了解，昨天「原本擁有」的一萬日圓鈔票，今天卻「沒有了」，從「原本擁有」到「沒有了」，藉此可以得知「無」，也由此推測出「無」。換言之，我們並不是直接就認知到「無」，而是從前後對照當中，發現到前面的現象和後面的現象之間的差異，並理解到一切現象是經常變化不斷的。

因此，我們看待一切事情時，絕對不可先入為主的認為「一定有一個完全不變的東西」，如果我們希望了解到事情真相，就要捨棄一切主觀，直截了當去觀察才對。

如此一來，就可以很簡單發現到「無我」。正因為一切皆屬無常，即可得知絕對不可能有一個永遠不滅、絕對不會變化、固定不變的實體——阿特曼。正因為無常，所以無我。

儘管如此，其他宗教還是堅信「我」就是永遠不滅的靈魂。

奧義書很有名的一句短語就是「你就是那（tat tvam Asi）」。

老師問弟子：「你看到那棵樹嗎？」弟子回答說：「看到了！」老師說：「那棵樹是你，你就是那棵樹。」弟子聽完這句話，實在不懂老師的意思，弟子說：「那棵樹怎麼會是我……？」老師立刻答說：「你的修行還不夠！這種經驗正是奧義書所說的『梵我一如』。」

梵就是一切，也就是最高的存在，人類的我（個體靈魂）是來自宇宙的我，也就是梵。也就是說，宇宙就是梵，梵就是我，只要達到「梵我一如」的境地，則構成宇宙要素的你或樹木都是相同的。

佛陀在修行之後體會到的結論是「樹木是無常的，我也是無常的」。對於「你就是那（tat tvam Asi）」的說法，佛陀並沒有反對也沒有贊成，而是以

「中道」來找出正確解答。樹木是無常的，自己也是無常的，針對「無常」而言，自己和樹木都是一樣的；既然是無常，就絕對沒有一個恆常不變的，因此，沒有一個永遠不滅、絕對不會變化、固定不變的實體——阿特曼。

所謂「靈魂」，就有如橫置在河川正中央的巨石一樣，河水是川流不息，巨石卻一動也不動。所以有人說：「我們的身體隨著歲月逐漸老去，靈魂卻如水中巨石一般絲毫不動」。然而，再怎麼看也沒有這樣的東西！

諸行無常、諸法無我、涅槃也無我

於是，就有愚蠢者說：「連小孩子都知道樹木是無常的，小孩子也知道我們的身體與生命也是無常的，這並不是很艱深難懂的道理。重要的是，這並不是普通的世界，而是應該把永遠的實體世界、真理的世界、如實的我昇華成為『真我』。」其實本來就沒有「永遠的實體」，這都只是他們擅自說出來的結論。因此，佛陀說：「諸行無常（sabbe sankhara anicca）」。所謂「諸行」，指的是世上的一切現象，亦即森羅萬象，一切都是無常的。

佛陀又說：「諸法無我（sabbe dhamma anatta）」。

這裡必須注意的是「諸法」和「諸行」的差異。「諸法」不僅限於現象而已，而是包含萬事萬物。而且佛陀說一切都歸納為「無我」。談到「無我」的概念時，佛陀特別用到「法」這個字眼，佛陀並沒有說「諸行無我」，而是說「諸法無我」。

為什麼佛陀不說「諸法無常」呢？就以「兔角」這個名詞為例，「兔角」是人們自行創造出來的辭彙，事實上兔子並沒有角。兔角算是無常嗎？不是的，兔子本來就沒有角，所以算不上是無常；但是，「兔角」這個概念卻包含在「法」裡面。實際上並不存在，卻在我們的頭腦裡面想像而存在，所以並不能說是「無常」。

例如我們眼前有一個保特瓶，就屬於無常，因為保特瓶是實際存在的。再者，保特瓶同時也是「無我」，因為它並沒有一個永遠不會變的「實體」。

正因為如此，在使用「無我」這個辭彙時，就必須說「諸法」。也可以將「行」和「法」歸納為：行：因緣俱足所發生的現象。法：我們所見、所聞、所想像的一切事物，涅槃也包含在其中。

「涅槃」、「兔角」、「龜毛」、「空花」（空中花朵，意指飄浮在虛空中的花朵，藉此來比喻凡夫常把實際不存在的東西誤以為真的存在）全部都包含在「法」裡面，而且全部都是「無我」。因此，涅槃也是「無我」。

談到「涅槃也無我」，大家可能會誤解吧！佛教稱最終極幸福的境界為

「涅槃」。沒有發現到「無我」的一般大眾則推測為：只要達到涅槃境地，應該就可以得到永遠幸福的生命。

然而，在一般人所認知的概念中，根本無法說明所謂的「涅槃境地」，一切的概念指的是現象世界，對於已經超越現象的世界，根本就沒有辭彙與概念。勉強要加以解釋的話，只能說生命是苦，唯有超越生命才是幸福。所以，原本就沒有「我」，「有我」是人們的錯覺與幻覺。人一旦覺悟，「自我」的錯覺就會完全消失，幻覺也完全消失。道理就這麼簡單。一旦覺悟，原本就不存在的阿特曼絕對不可能又突然出現。涅槃也無我，因此，諸行無常，諸法無我。

無常、苦、無我——三法印、三相

「諸行無常」、「諸法無我」再加上「一切皆苦（一切行苦）」，稱為

「三法印」。這三句話所指的並非三件事，而是專指一件事，也就是說，用三句話來表達一切現象的本質。

這就像從三個方向來觀察一個三角錐，由三個人從不同的方向來觀察三個面，結果三個人所做出來的報告可能不盡相同，然而他們所觀察的其實是同一個三角錐。換句話說，無常、苦、無我就像是三腳錐的三個面，因此，無常＝苦＝無我，一切現象都有三個相，故稱為「三相」。為什麼佛陀會使用到無常、苦、無我這三個辭彙呢？

有人對無常的概念感興趣，有人對苦的概念感興趣，有人則對無我的概念感興趣。佛陀則把佛教的真理普遍化，主要是為了讓人人皆能夠理解。

「無常」（anicca）一詞，每個人應該都很容易理解吧！從感覺上就可以輕易了解到萬事萬物隨時都在變化當中，所以，「無常」應該是比較容易進入的入口。

對於喜歡用感覺來探索一切事物的人而言，也很容易了解「苦」（dukkha）。認為「人生實在很苦」的人來說，「苦」應該是比較容易進入的入口。只要說「世事無常」，一般人通常都可以了解，所以，即使對「苦」不感興趣，談到「無常」，就有很多人感興趣。

對於宗教家、思想家或是對於精神世界很感興趣的人而言，很容易了解「無我」（anattan）的意思。但是，如果過度執著於「我」，自己反而越來越搞不清楚，甚至到了頭殼壞掉的地步，因為他把原本不存在的東西卻堅持是存在的。也有人認為這樣是不對的，而是自己到處調查這個人說了什麼？那個人又說了什麼？這種人才比較接近「無我」。

除了苦、無常、無我之外，佛陀也用「病、傷、腫瘤、海市蜃樓、幻覺、燃燒的煤炭」等等不同的字彙來說明同樣的事情，有時還使用到「糞」這個字眼。例如佛陀曾說：「存在是糞便！」有的人可能就因為這句話而感到興趣。

總之，佛陀懂得根據對手的個性來說法。

因緣（因果法則）——無因就無果

一切現象皆由因緣產生。不論是人們可以發現的或是無法發現的，只要沒有因緣，亦即沒有原因的話，絕對不可能在偶然、突然或上帝創造下就發生。

許多人常說「這是偶然發生的」或是「這事發生得很突然」，我也經常說到「偶然」這兩個字，然而這是因為我們不知道因果的流轉與原因才會這麼說。有人說：「他今天突然來了！」那個人並沒有事先聯絡，沒有人想到他會出現，結果就來了。其實那個人之所以會來一定有他的原因，導致的結果就是「來了」，他絕對不是毫無原因就來了。

同樣的，「上帝創造」也是不可能的。經常說「偶然」、「突然」、「上帝創造」等辭彙的人，只是曝露出此人「癡心」太重而已，他本人並不知道事實真相。

即使在科學世界中，人類所不知道的真相的數目多到難以勝數，因此，比較有良心的科學家針對無法回答的問題時會說：「現在尚未研究到這個階段，所以我不知道！」也就是說，他並不會因為自己不知道，就說「偶然」、「突然」、「上帝創造」等辭彙。

所謂「有因才會有果」，就是只有在「有原因」的情況下，才會出現「果」。假設現在有一支日光燈正亮著，日光燈之所以會亮，會是偶然的嗎？日光燈之所以會亮，會是神的慈悲心所造成的嗎？其實每個人都知道日光燈會亮的原因，如果支撐日光燈會亮的原因消失不見，日光燈就不會亮了。所謂「因緣」就是這麼一回事。

原因消失的話，自然就沒有結果。

因此，假如你認為阿特曼是絕對存在的話，那是因為你缺乏觀察能力所造成的一種錯覺而已。世上一切「有我論」或是有關「阿特曼」的一切知識或哲學，全都是因為缺乏觀察能力而產生的結論。

佛陀覺悟的結論

佛陀經過仔細觀察之後，終於得知「因果法則」，並且更進一步達到「諸法無我」（sabbe dhamma anatta）的結論。換句話說，佛陀正是因為理解了實際的因緣法則，才找到「諸法無我」的結論。

這就是佛陀覺悟之後所獲得的結論。

第4章

因為「無我」，人才能活得好

「無我」的「我」就是阿特曼

「無我」一詞，很容易遭到誤解。

佛教所說的「無我」並不是單純的解釋為「沒有我」。生命因為感覺而產生「有我」的實際感覺；因為眼睛、耳朵、鼻子所產生的感覺，所以隨時都會感覺到「有我」。佛教並不是把如此單純的「我」給否定掉，「有我」是理所當然的，也是很平凡的。

「無我」的「我」指的是一開始就談到的「阿特曼」（atman），這是永遠不滅的、也是絕對不變的、永恆的、唯一的，換言之，就是「人中之主」。這種「阿特曼」不存在的話，就是「無我」。

就某種意義上而言，「無我」屬於哲學上的辭彙。

這是某些宗教家在腦袋中胡亂想像靈魂、魂、阿特曼，造成妄想不斷膨脹所產生出來的形而上學的概念。

這些概念談論的是「唯一梵我」、「真我阿特曼」和「個我」。「梵我」擁有創造宇宙真理與萬有力量，「真我阿特曼」則是每個人都是一個小宇宙且每個個體的純真本性是永遠不滅的；「個我」和「梵我」不是同一個，充分理解「真我阿特曼」，把「個我」提升到「真我阿特曼」，就可以讓「梵我」和「真我阿特曼」合而為一，總之，以上都是一些狗屁不通的說法。

因此，我們不必理會此種論調。

但是，這些找不到真理的思想家與宗教家卻堅信一定有一個絕對不變的「真我阿特曼」，因而有此論述。佛陀也才會對此做出回應，告訴人們「無我」，這只是佛陀對於人們的質疑所提出的回答。也就是說，世人說：「有我！」佛陀只是很單純的說：「不，是無我！」

因此，佛教的立場既不是「有我論」也不是「無我論」，因為根本就不需要特別去談論「無我論」。

一如大乘佛教主張「空」，像這種完全不去說明概念卻另創哲學或思想體系，佛陀對此採取反對的立場。因為只要某種論調成立，必會有人提出不同的論調而引起爭論，佛陀認為這只會浪費寶貴時間，早日擁有清淨的心才是最重要的。

龍樹菩薩主張「一切法空」，龍樹認為站在「空」的立場的話，輪迴、解脫與涅槃就不成立，「修行」當然也不成立。龍樹想要把佛陀的教義構築成堅固的思想體系，卻讓人留下「不需要特意修行」的印象。也就是說，龍樹一直努力想對佛教注入生命，結果卻把生命給吸走了。總之，龍樹菩薩曾經努力過，然而連偉大的龍樹也沒有辦法解決這個問題。

早期的佛教，對於苦、無常、無我、空的解釋幾乎都一樣，但是，「空」卻可能被誤以為是「虛無主義」，因此在「南傳大藏經」並沒有特別提出來加以強調。

也正因為沒有一個完全不變的實體，森羅萬象才會隨著因緣而有變化，這一點是必須說明的。

佛陀修行並非為了發現「無我」，而是為了消除「苦」努力修行，因此才會發現「因果法則」。

所謂「我」，是因緣的流轉

在每個人的生命中，「我」是一個真實的感覺，佛教可以說明「我」的源起，也可以證明「我」的真實感覺。

但是，並不能因為有「我」的真實感覺，就表示有一個在任何情況下都絕對不會改變的「我」，這個「我」其實在每一瞬間都在變化。

佛教認為，這個「我」會在各種因緣之下不斷變化，這個「我」從早到晚是經常變化不斷的；雖然同樣都是「我」，但是早上的「我」和現在的「我」經常是不一樣的，這就是一種「流轉」。換句話說，所謂「我」，就是因緣的流轉。

接下來，我要談到佛陀說過的一句話。

Ajjhattaṃ upasantassa, natthi attā kuto nirattā va.（Sutta Nipāta,925）

這句話書寫在《經集》（Sutta Nipata）中，意思是「內心安穩之人沒有『我』的感覺，當然也沒有『無我』的感覺。」

一旦達到覺悟，「我」或「無我」都已不相干。《經集》是一部艱澀的經典，如果只摘錄出這個部分，或許會被人誤解。

並不是因為有一個永遠不滅、絕對不變的「我」才表示「自己存在」，請不要再捏造這樣的東西，希望大家都能理解這一點。

矛盾的「我」的概念

假如真的有一個永遠不滅、絕對不變的「我」存在的話，將會有哪種結果呢？

印度教認為「真我阿特曼」是終極幸福，果真如此的話，既然世上有終極幸福的靈魂，為什麼活著卻是充滿煩惱與痛苦呢？現實人生從早到晚都是苦，各位可曾體會過終極幸福的感覺呢？

我也曾問過基督徒：「為什麼慈悲的上帝要讓人們遭遇不幸呢？」對方給我的回答是：「因為你們是罪人！」但是，我們身上的靈魂應該是永遠不滅絕對不變的，假如靈魂會受到罪的玷辱，結果又會如何呢？

他們給我的回答是：「靈魂是會受到玷辱的，所以，我們必須讓靈魂保持清淨。」假如靈魂會受到罪的污染、可以加以清淨的話，就表示靈魂會受到各種原因的影響而發生變化。如此不安定的東西又怎能稱它為「永遠不滅的靈魂」呢？

假如真的有「永遠不滅絕對不變的靈魂」存在的話，「罪」就無法成立了。如果真我阿特曼就是終極幸福的話，人們應該就不會感覺到苦。早在佛陀時代，這種矛盾就已露出端倪。

事實上，如果有一派宗教說：「靈魂是終極幸福！」就會有另一派宗教說：「不對！靈魂是終極痛苦！」聽到這個說法之後，又會跳出另一派宗教說：「不對！靈魂有時是終極幸福，有時又是苦的！」結果又有人說：「沒有任何詞彙足以用來形容靈魂！」

最後，沒有人知道靈魂是什麼？

「有我論」引發犯罪

假如說「靈魂是存在的」，這也可能引起很可怕的現象。

例如：把人殺死了，卻無法殺死靈魂，因此，有人認為「縱使肉體滅亡了，靈魂卻不滅」，因此就算殺了肉體，人體真正的主體「靈魂」卻不會被殺死，藉此把殺人行為正當化。

現在讓我們試著回想轟動一時的日本奧姆真理教事件。奧姆真理派的教主麻原彰晃宣稱「為了從污穢的人體解救出靈魂，殺人也無妨，最終解脫者擁有此種權力！」他甚至大聲呼籲「解救靈魂」，並且還說：「每個人只會犯罪，然後墮入地獄，如果活八十年的話，八十年當中都會犯罪，所以倒不如早一點將他殺了，把靈魂解救出來！」奧姆真理教教主麻原彰晃在三十多歲因故被捕時，把奧姆真理教的財產全部變更到自己名下，平常也藉由各種「治療手段」殺害許多人，甚至宣稱以沙林毒氣一舉殺害眾人是有益眾生之事，才會發起驚人的「東京地鐵沙林毒氣事件」。

總之，麻原彰晃的靈魂理論讓他不僅殺人，甚至還不惜滅掉全日本。

然而，相信靈魂存在的人，根本就不會造成任何問題。對於相信靈魂存在的人而言，靈魂是永遠不變的，不論做惡或行善，靈魂是不會受到任何影響的。由此可以推論得知，以道德觀來說的話「有我論」或「靈魂論」皆是不合情理的概念。

因為「無我」，人才會改變

但是，正因為「無我」、也正因為「無常」，才可以改良或改善我們自己。也正因為沒有一個永遠不滅、絕對不變、堅定確實的「我」，人才能改變。原本就沒有「我」，才可能無所不能，「無所不能」或許是比較誇張的說法，不過，凡事都有各種法則，只要能夠學會的話，一定可以「無所不能」。

古人認為人不會飛，抬頭看天空時，只有鳥兒在空中飛，因此，人們就一直絞盡腦汁思考如何才能在空中飛。有人模仿鳥翅膀裝在身上，依然無法順利飛起來，因此又花費許多心思做各種嘗試，最後，才會有現在我們所看到的飛機在天上飛。

萬事萬物都有它應該有的不同法則，但是，這種法則並不是固定不變的，只要稍微添加一點心思就會有所改變。

不可否認的，萬事萬物也有其無法改變的法則，例如地球的自轉和公轉之類的法則就是無法改變的。但是，有些事情似乎又並非如此，例如：某些花卉每年只會在早春綻放，此種定律卻有可能加以改變。只要仔細研究其中法則，提供早春的溫暖環境與陽光，這類花卉甚至可以在冬天開花。

蔬菜栽培也是同樣的道理。例如現在一年四季都可以吃到番茄，也是因為改變栽培方式所帶來的結果。

番茄成熟原本就有一定的法則，如果不特別費心操作的話，夏天才有番茄可吃，保守主義者通常會堅持此種栽培方式，也就是堅守既定的番茄栽培方式，務必在早春栽重，夏天才有番茄可以收穫，並且認為冬天不應該有番茄。

然而，思想比較創新的人則會絞盡腦汁設法在冬天也有番茄可以收穫，結果果然可以在冬天吃到番茄。由此可知，萬事萬物雖然有其固定的法則，但是只要充分了解其中的法則就可以加以改變，這就是「無我」。

話說回來，所謂的「無我」並非單指番茄而已，而是涵蓋一切存在的事物。佛說「無常」、「無我」，可見這是很重要的。

大家必須工作，必須改良，必須改善。

但是，這並沒有過度擔心，正因為無常、無我，所以一定可以達到。

也正因為無常、無我，在道德上也是成立的。

因為河水川流不息，所以「有」

前面曾經說過「我」是「因緣」的一種流轉，現在我們再針對「流轉」進一步來思考。讓我們來觀察河川的水。

在我們眼前有一條我們想看就可以看到、想要觀察就可以觀察到、我們認為存在的一條河流，我們就把它灌上「荒川」、「隅田川」、「多摩川」等不同的河川名稱。

就以「荒川」來說，真的有一個絕對不變、名為荒川的「河流主體」嗎？其實是沒有的。「荒川」這個名稱只是因為在地球引力的影響之下，降到山上的雨水流到海裡的一個過程而已，不論是「荒川」或是「多摩川」，都只是水流經過的溝渠而已。如果沒有下雨，就沒有「荒川」，之所以有「荒川」，只是條件俱足的一種現象而已。

而且，河流是每一瞬間都在變化，在人們沒有察覺之間，河流每一瞬間的樣貌都隨時在變化，每一瞬間、每一瞬間的河流都是不一樣的。

假設我們每看一次河流的時間為一秒鐘，那麼，當我們注視河流二十秒的話，將可看到二十次不同樣貌的河水。換句話說，最初看到的河水已經流逝過去，新的水又流過來，也就是，每一瞬間的水都是全新的，卻因為「川流不息」，我們才可以把它稱為「荒川」。

生命的存在也是因緣所造成的現象過程。孩子出生後被命名為「太郎」，這也只是一種現象，這種現象每天都會改變，個性會改變，一切都會改變。

上小學之前的孩子通常都是天真活潑，但是十年後再看看這個孩子，甚至會懷疑「以前那個天真活潑的孩子究竟跑哪裡去了？」因為眼前的這個孩子已經長大並變成任性又固執的大男生了。

我們每個人其實都和荒川、多摩川一樣，剛出生的自己和現在的自己已有很大的差異，但是一直以來都是用同一個名字，這就如同荒川一直被稱為荒川的情況是一樣的。

假設蘇曼那沙拉（譯註：本書作者）走進屋內，二十分鐘後走出屋外，我們不會複雜的說成「蘇曼那沙拉一號進來了，二十分鐘後蘇曼那沙拉三〇六號出去了」，只要說「蘇曼那沙拉進來又出去了」，大家就可以聽懂意思了。

走進屋子的蘇曼那沙拉和走出屋外的蘇曼那沙拉已經不是同一個人，但是，蘇曼那沙拉依然是蘇曼那沙拉，對於頭腦不靈光的人而言，兩者都是蘇曼那沙拉，所以才會認為同樣一個蘇曼那沙拉走進屋內又走出屋外。

這和河水流動的道理是一樣的。因此，一切都是「無我」。

千萬別讓「我」受到污染

河水不應該被污染，但是，河水卻會因為流入的東西而受到污染。我們的身體也同樣的會因進入體內的東西而受到污染，這些東西包括說話、飲食以及各種可能的因素。

看東西會讓我們的心受到污染，聽聲音會讓我們的心受到污染，我們有時也會跟人吵架、忿怒、咆哮怒吼、或是看電視新聞報導而感到傷心難過或忿怒。例如：新聞報導幅射線污染蔬菜影響人體健康，看到這種報導通常會令人心情沮喪或忿怒，這就是心受到污染。

為了不讓貪瞋癡污染我們的心，我們就必須學會自我控制來避免感情氾濫。髒東西流到河川就會污染河水，河水氾濫成災也會造成人們的困擾，所以，大家都希望河水永遠清澈且細水長流。人生也是如此，我們不應讓感情氾濫，也不應該讓貪瞋癡污染我們的心。

我們常說「時間會解決一切」，但是，如果我們不設法杜絕污染物流入河川，河水就永無清澈之日。

碰到別人氣頭上，完全聽不進任何勸言時，我們通常都會自我安慰說：「算了，隨便他，總有一天他會想通的！」然而，就算經過一段時日，有時候並不見得就沒事，如果那個人一直記恨在心中無法消除怒氣，又該如何呢？這就像受污染的河水一般難以恢復乾淨了。

有人會說，只要河水是流動的，總有一天會變乾淨，但是這得要不再有污染物繼續流到河裡，河川才會變乾淨。現在請大家來想想下面介紹的例子。

「為什麼我的孩子會死掉呢？」、「為什麼我的家全毀了呢？」、「海嘯造成我全家都死了，為什麼讓我獨活呢？」這個人每天以淚洗面，心情一直難以平復，只要一想起過去的悲傷記憶，就有如每天都有污染物流入自己內心的河川裡。

時間或許可以沖淡內心的悲傷，但是最重要的是要先阻止污染物繼續湧入。唯一的辦法就是停止妄念，只要停止貪瞋癡的妄念，就可以療癒內心。

何謂真正的個人特色、自性

「我」就有如一條小河或小瀑布，「我」這個主體在每一瞬間都是不斷變化的，但是，我們依然可以說「有一條小河」或是「有一條瀑布」。

即使是「小河」，也隨時都在變化，就算是「瀑布」也是隨時都在變化。但是，我們還是可以說「有小河」或是「有瀑布」，就算隨時都會變化，它還是「有」，這就是一個物體的「自性」，也就是說「有宛如沒有」。

但是，只要妥善管理小河或瀑布，就有可能不再繼續受到污染，或是讓小河與瀑布有助於眾生。同樣的，我們應該也可以令屬於我們自己的小河或瀑布不再受到污染或是有利於他人。

然而，想要改變既有的法則卻是非常複雜且艱困的。

萬事萬物都有其既定法則，想要徹底加以破壞簡直難如登天，但是也不是都無法達到。

防洪雖然很困難，依然可以辦得到。下雨造成河川氾濫並造成洪水，這屬於自然法則，但是我們不能因為是自然法則就放手不管，而是要想方設法去阻止。

世上有許許多多既定的法則，我們必須自行審慎考慮應對方式，完全都在於我們自己；完全不理會別人的勸告，或是任何事情都專門和別人作對，這當然是不對的，然而完全聽憑別人指使當然也不對。

因此，我們每個人都應該知道自己應該如何自我管理，而且也應該知道自己應該改變到何種程度或是配合到何種程度，這就是個人的特色、個人的自性。我們不應該執著於原本就沒有的「我」、或是執著於永遠不滅、絕對不變的「靈魂」妄念，不可偏頗主觀的認為這就是人的堅固不變實體，而是應該要好好管控「流轉中的我」，讓自己成為利己又利人的人。

因此，為了讓自己成為利己利人的人，這才是真正的「找尋自我」，找出既利己又利人的方法，這才是真正屬於自己的「自性」。

終章

「有我論」是方便的工具

宗教家的獨家專賣

在第1章已經說明，我、靈魂的概念是那些脫離社會生活，從事宗教活動的宗教人士所開創出來的。一般人為了生活需要努力工作，沒有多餘時間思考跟日常生活毫無關係的靈魂存不存在的問題。然而，只要是人，自古至今，就無法避免生活困苦、與心愛的人分離、或是天災人禍所造成的各種災難，內心自然而然就會產生想問、想要知道「為什麼哀事全都發生在我身上？」針對一般人的這種問題，理所當然就是由從事宗教活動的人士來回答。為了要回答有關人們的痛苦煩惱問題，這些宗教人士推出了自己創造出來的「我」的概念。

在創造了「我」、「靈魂」的妄念的同時，「神」的妄念也出現了。由於這些都是各種宗教家自行任意想像產生的妄念，所以我、靈魂、神的樣貌都因不同的創造者而有所不同。在印度，本來就有「多神論」和「多我論」，後來又隨著時代的變化以及人們的要求，不斷改變「有神論」和「有我論」，卻因為這些並不存在於現實生活當中，所以，有關「我」、「靈魂」、「神」的論調就隨人高興任意改變。

靈魂與神這兩種妄想概念，是所有宗教家生存下去絕不可或缺的資源。一般人並不會特意去思考「什麼是『活著』？」因為大家沒有那麼多閒功夫，也正因為如此，才會聽信宗教家說的。於是，我、靈魂的管理工作與神的代理人，順理成章變成了宗教家的獨家專賣，導致苦於煩惱苦痛的一般大眾，無法逃脫出宗教家的控制。特別是印度的婆羅門教，一向是不允許個人私底下向神祈求問事的，若想要向神祈求問事，必須要透過婆羅門才可以，只是，婆羅門的服務是要收費的。

「我」經常被用來威脅恐嚇

在印度的文學作品裡頭，人們受到宗教家壓制的故事不勝枚舉，都是一些觸怒神明、受到詛咒而遭逢大災難的故事。在佛教經典中，也引用了耆那教徒優婆利居士與佛陀的對話裡一則故事：「檀特山、迦陵伽、迷耆、摩登伽等森林，曾經都是城市，因觸怒了先知們而遭到了毀滅」（中部第五十六部經「優婆離經」）。

宗教家藉由強迫人們接受「有靈魂、有我、有神」等概念，便可以很輕易掌控人們。掌控跟擺佈的程度，不因不同宗教而有異。著重修行的宗教家並不以圖謀人們的財產為目的，而是以「如果對修行者不敬將會受到神的責罰」來掌控人。而掌控人的程度最稱嚴謹的，是印度的婆羅門教跟西方的天主教。

也許大家在世界史的教科書裡，都學過有關中世紀歐洲教皇與君王爭奪權力的歷史吧！簡單的說，這是羅馬教皇利用靈魂與神的妄念作為武器，來威嚇政治家的一段歷史。用不具任何證據的妄念，來束縛人們的感情，威嚇大眾，締造龐大財產與權力。坦白說，此種行為簡直比黑道、黑手黨的做法還要惡質。因此，人們就在盲信有我、有神的狀況下，完全逃脫不出宗教咒語的束縛。即使將有我、有靈魂當作是一種信仰也不是什麼好事，這點相信大家都能理解，這只會導致無法安心過生活。「活著」本來就不是一件容易的事，生老病死、愛別離苦、怨憎恨苦、求不得苦，天天在為這些事苦惱不已。一旦再加上有我、有靈魂的信仰，就如同一個已經被燒傷的人卻還向火裡飛奔，想祈求得到平安健康而不可得一樣。

神跟靈魂（我）足以撼動政治

我與靈魂的壞處並未因此結束，當世界還是君權時代時，王位都是交由神意來做決定（君權神授說）。成為君王的人即使胡作非為，壞事做盡，愚昧的人民也只能默默接受這個苦果。君權時代過後，世上還是頻頻出現獨裁者，這些獨裁者都會以神為後盾，來誇示自我的權力，希特勒的殘暴行為就是以神（教會）為後盾的。當年伊拉克戰爭，美國決定要攻打伊拉克時，美國總統也發表了一篇此戰爭是遵照上帝的意志的演說。伊斯蘭各國的獨裁政治家也都是假藉阿拉的神意，而讓人民受苦受難。當他們想要採取恐怖行動時，就會利用神與靈魂（我）這種妄念當作重要手段，對年輕人進行洗腦。

目前有許多國家都自稱是民主國家，所謂民主國家是由人民來選出政治人物，也就是政治人物必須交付人民去選擇，然而，引導政治人物當選的仍然是神，宛如就是神在舉辦選舉活動一樣。

也許還有人不了解前一段所述的意思，諸如標榜基督教民主主義的德國CDU（德國基督教民主聯盟），標榜印度教至上主義的印度BJP（人民黨），標榜伊斯蘭主義的的埃及穆斯林同胞團等，都是以宗教作為後盾的政黨，將宗教的名稱加諸於政黨的名稱上。試想信仰某宗教神祇的一般公民，在選舉投票時，若不投給標榜宗教名稱的該政黨將會如何呢？再者，日本或美國的政黨名稱上並未加上宗教名字，但是，在美國總統的選舉上，候選人如果不清楚表明自己是屬於基督教某某教派的話，將無法得到選民的信任。總之，美國一到了總統選舉，所有候選人幾乎都變成了非常虔誠的基督教徒。

這時候問題就來了，一般公民在選舉時，是否會事先客觀的了解候選人的政策跟能力，然後投票給所認可的政黨跟候選人？還是將選票投給跟自己相同信仰的宗教政黨跟候選人？實際情況是，即使是民主國家，人們仍然是深深受到宗教的控制跟影響。

如果沒有我、沒有靈魂也沒有神的話，宗教就不能夠成立。遺憾的是，所謂的我與神，事實上至今仍拿不出確切證據足以證明其存在，而是一些閒暇人士所想像出來的妄想概念罷了。執著於我與靈魂的妄念，對人類而言，不正是導致一連串不幸的結果而已嗎？

「無我」與政治

並非只有佛陀提出「無我」的說法，在印度也有哲學家提出「靈魂不存在」的說法。這些提出「無我」說法的人，大概都被歸入唯物論的範疇裡。

西方也有人提出唯物論，而唯物論的敵對者，就是歌頌「有我」的宗教家。

唯物論者認為，一旦受到靈魂存在這種妄念所影響，人們便會輕易的被他人所控制、榨取。只有認為沒有靈魂，人們的精神才能夠完全得到自由，至少應該有一定程度的自由。儘管如此，一般人卻很難輕易就捨棄掉對「我」的執著。

在西方國家，也有人把「我跟神都不存在，只有物質」的論調繼續發展成為政治思想。但是，提唱唯物論的人，卻受到了宗教界嚴厲的抨擊，不過，最後他們還是奪取了政權。他們的政黨名稱就叫做勞工黨、人民黨、共產黨、社會主義勞工黨等。這些人所高喊的口號是「勞工主政，壓榨自然消失，人皆平等」，所謂的共產主義國家於是誕生，勞工黨就這樣逐漸取得政權。

勞工黨執政後，一般國民是否因此而獲得自由了呢？事實並非如此。民主消失後反而變成一黨獨裁專制，掌權者不僅對勞工，甚至對所有國民進行壓榨豪奪。過去，當人們受到社會組織、政治組織的嚴苛迫害時，都會暫時躲進教會，向神祈禱，尋求一時的心靈撫慰，然而一黨獨裁專制之後此種情形就告消失了。在共產主義國家裡，上教會的人被視同異類而受到責難，神消失後，取而代之的政治人物就變成了神。

這些獨裁的政治人物長期奴役人民，死後還強迫人民對他膜拜，諸如史達林、毛澤東、金日成等都成了神。

神來指定君王，卻由於君權政治的嚴苛，人民推翻了君王政治，強調擺脫神的束縛而出現以唯物論為基礎的共產主義獨裁者，取代君王而成為神，當今這類政權也正在逐一衰敗滅亡之中。

然而，一般人民並未因此而變得自由，於是又對否定神存在的唯物論提出反駁，想要回歸到對神的妄念。若要問人類究竟是什麼性格？其實就類似狗。狗不能夠沒有飼主，飼主要牠做什麼牠就做什麼，狗一旦被飼主丟棄便無法獨立生活。只要發現外表優雅的人，便會搖著尾巴跟隨在後。牠這麼做的目的，無非就是希望能得到食物。儘管君權崩潰了、獨裁者被推翻了、建立了共產主義國家、後來共產主義政權崩潰而建立了民主政權，可是人民並沒有因此得到自由，弱肉強食的現象依然存在。正由於執著「我」的概念，而在精神上顯得無助，就如同「溺水者攀草求援」般無奈。

只有佛陀具體發現了人類的問題所在，人們總是為了生老病死、愛別離苦、怨憎會苦、求不得苦而煩惱困擾，導致精神心理上徬徨無助，於是愚夫愚婦們就誤以為求助於有權力者必可得救。然而，大部分人連自己也都陷入了苦惱當中，根本找不到有能力可幫助別人的人。因而，不論求助任何政黨、政治家、政治組織，都不會有人救得了你。高喊「我來解救你！」論調的人，通常只會對你落井下石。沒有任何人解救得了你，唯有放下「我」的妄念，體認到「無我」時，你才能「得救」。

唯物論的「無我」不同於佛教的「無我」

我們甚至可以說，唯物論者的目的是為了攻擊所有的宗教組織。

當然，也有少數哲學家是在學習了宗教思想後，對宗教提出了不同的論調。印度唯物論明確的主張是，人死後就什麼都沒了，孝順父母是無意義的（再怎麼孝順也沒有來生的果報），布施、祭祀、祈禱、供養等也都是毫無意義的。沒有一個修行人具備超人智慧可了解今生與來世。總之，印度的唯物論者是反宗教家、是無神論者。

現代的無神論者，則是藉著唯物論與科學知識，對西方宗教提出不同論調，不過，這些人似乎沒有勇氣像佛陀時代的唯物論者那樣，對當代的道德直接提出批判。這個世界，真正掌握道德權威的就是宗教家。但是，宗教家只在乎一般人所注重的道德觀，而現代的西方無神論者並沒有發覺到這個問題。

佛陀主張「無我」，但是佛陀既不是唯物論者也不是唯識論者，是用思辨的方式來研究「人生為何物」的課題，因此發現了「因果法則」。並從人身上，發現了不單單只有物質的法則，也有精神流轉的法則，物質的流轉、精神的流轉都是無常。無論物質或精神，都不存在所謂「我」的實體。然而，由於一切都是因果法則，故所有行為都必然會有結果，即使發生在物質上的行為也會有結果。例如洪水爆發時田裡的稻作就會流失，地震發生時房屋就被震毀。意志所發起的行為會對生命產生結果，此結果是生命所必須承受的。

這就意味著一切現象全都是「無我」，但行為必定會伴隨著果，因此「道德」是不可或缺的。更換政治組織並不表示因此就可得到幸福，只有解決內心的執著，去除無明，人才會快樂幸福。這是佛教與唯物論的不同處，佛教所主張的「無我」，指的就是因果法則。

當佛教徒遇見唯物論者

由於雙方都強調無我，所以我們會誤以為雙方的談話會很契合，但事實並非如此。唯物論者以否定宗教的態勢來否定道德、否定業報、否定修行、否定解脫，因此，雙方的談話不會有交集。對佛教來說，否定業報就等同否定了因果法則，否定了因果法則就形同否定了佛教。唯物論者這種說法，從佛教的立場來看就是「邪見」，否定善惡業報的邪見就叫「決定邪見」（niyata-micchādiṭṭhi）。現在我們來簡略介紹鳩摩羅．迦葉與弊宿的對談小故事（長部第二十三部經「弊宿經」），弊宿是個唯物論者、無我論者，他不認為有來世、有化生（不從母胎出生而突然出現的神等），不相信善惡業報的事。

當時，鳩摩羅．迦葉要去拘薩羅國的波醯地方，而來到了尸舍婆林，當地的人們為了要見聖者一眼紛紛趕來尸舍婆林，弊宿見到此一情況，也慕名前去見鳩摩羅．迦葉，兩人的一段對話於是就這樣展開了。

為什麼說來生不存在？

首先，弊宿主張「來世並不存在」的論調，尊者過去並未曾聽過這樣的見解。

尊者：「您為什麼會認為來世並不存在呢？您看得到太陽、月亮嗎？」

弊宿：「看得到啊！」

尊者：「太陽跟月亮是屬於人間世界（的物體）還是屬於他方世界（的物體）？」

弊宿：「是他方世界（的物體）！」

尊者：「太陽跟月亮是人還是神？」

弊宿：「是神！」

尊者：「這樣您就清楚了吧！既有他方世界，就代表有來世、有化生，善惡行為的業報也是有的。」

弊宿：「您的推論太牽強了，我還是認為來世是不存在的……。」

這是兩人一開始的對答，論點可說沒什麼內容，聽起來就像一般人話家常。

例如「太陽不是這個世界的物體」，是指「太陽不是地球上的而是虛空中的物體」的意思。而「太陽是神還是人？」這裡所指的神是deva，意指「閃亮的物體」。像這樣一場語言遊戲，是說服不了這位唯物論者，因為跟他所想的完全不同，他們兩人的的對話又繼續下去。

沒有人會回來報告他方世界的消息

尊者：「有什麼樣的理由，可以支撐您認為沒有今生來世的論點？」

弊宿：「當然有！」

接著弊宿開始說明他的理由。「我有一些親戚犯了殺生、偷盜、邪淫、妄語（說謊）、兩舌（多舌）、惡口、綺語（無聊話）、貪、瞋、癡等罪，當他們衰老、臥床面臨人生最後那一刻時，我跟他們說：『沙門．婆羅門說，犯下十惡的人死後是要下地獄的，你曾犯了十惡的罪，如果宗教家說的沒錯，你必定會下地獄。如果你死後真的下地獄的話，請你回來跟我報告一聲』。親戚們雖然都跟我做了這個約定，可是他們都沒有回來跟我說什麼，由此可見並沒有來世的事。」

鳩摩羅．迦葉回答弊宿說：

「大人啊！我請問您，一個犯了罪的小偷被抓到您這裡來，您做了死刑的判決，當部下把犯人帶到刑場準備行刑，這時死刑犯說了這樣的話『請等一等，我還有一些親戚朋友，請讓我回去跟他們說一聲後再行刑吧！』。請問您會給死刑犯這個機會嗎？」

弊宿：「不會！絕對不會給！」

尊者：「以此類推，犯了十惡而下地獄的人，當然也不會有機會回來向您報告囉！」

弊宿不能接受鳩摩羅・迦葉尊者的說詞，接著又舉出做了十善功德的親友的故事，他請這些親友死後若上天國，務必要回來跟他報告，可是同樣音訊全無。對此尊者的回答如下：

尊者：「人間一百年是三十三天（忉利天）的一天，三十三天同樣是三十天一個月，十二個月是一年。三十三天的天人壽命以天國年計是一百年，因此，您那些生於天國的至親好友，可能會先玩個二、三天再來向您報告，到那個時候會是什麼情況呢？」

弊宿：「那個時候我都已經死了幾百年了，怎麼還可能相見呢？不過，我內心對於天國的壽命那麼長以及到底有沒有三十三天等事還是存疑。」

尊者：「大人啊！有人一生下來眼睛就看不見，有人跟他說這個世界上有美麗的東西，有青、黃等各種顏色，有太陽、月亮、星星等等，他的回答是『我不相信有這些東西，因為我從來就沒有看過這些東西。』大人，您的話不就跟這個一樣嗎？」在唯物論者所主張的項目裡，也曾提到「沒有一個宗教家可以說出超越人類智慧所能知道的事情」，上述的對話就是源自這個論調。

「果真有天界的話，早點死不是更好嗎？」

弊宿：「雖然您這麼說，但我還是不相信有人可以超越人類智慧而知道今生來世、輪迴業報的事情，我認識一些嚴守戒律、認真修行的行者，假設他們認為往生後一定會轉生到善的地方去的話，那他們為什麼不早點往生呢？早點往生的話，就可以馬上到天界去。所以我還是不相信有輪迴業報的事。」

尊者：「我再舉個例子，有位婆羅門，他有兩個妻子，大房有個十歲左右的兒子，二房正好懷孕，這位婆羅門就去世了。大房的兒子就去找二房說『二媽，請把父親的財產全部給我。』二房就說『再等一段時間吧！如果我生下來的孩子是男的，財產就得一半分給他，如果是生女孩，那你也必須撫養她長大。』由於大房的兒子不斷騷擾二房，二房為了想早點知道小孩的性別，就拿刀子切開自己的腹部，結果二房跟胎兒全都死了。二房這麼做是非常愚蠢的。就像這樣，那些嚴守戒律認真修行的行者，即使知道死後會得到幸福，也不可以做出愚蠢的事」。

藉人體實驗來檢驗「靈魂存在」

下面的對話則進入靈魂是否存在的主題。

弊宿說道：

「有個犯人被帶來我管轄的地方，我用特別的方法處罰他。我把犯人活生生的丟進大鍋子裡，蓋上蓋子，為了防止空氣外洩，還用牛皮密封鍋蓋。然後在鍋子底下燒火，當我認為犯人應該已經死亡，就打開鍋蓋看看，但是我並沒有看到他的靈魂從鍋蓋出來。所以，我認為並沒有靈魂存在。」

尊者：「您睡過午覺吧？午睡時是否曾經夢見過美麗的公園？美麗的湖泊等景色？」

弊宿：「有過這樣的經驗。」

尊者：「那時候您的侍衛守在旁邊吧？」

弊宿：「是的，守在旁邊。」

尊者：「侍衛有看到您作夢時離開午睡的房間，作完夢後再進入房間嗎？」

弊宿：「沒看到。」

尊者：「您活著時出入各種地方，別人尚且看不到，更何況人死後，怎麼可能看到去了哪裡呢？所以，今生來世是有的。」

以上是兩人一來一往各抒己見的對話。印度在很早以前就已有「靈魂看得到」的這種「有我論」，弊宿所做的實驗，是想測試這個理論是否正確。然而尊者的回答卻容易讓人誤解成作夢時靈魂會出竅。佛教並沒有「靈魂出竅」的說法，也不認為作夢時靈魂會離開身體，而是認為「心」有超越時空的能力（但是卻看不到未來）。根據佛教經典的註解書籍，夢分成好幾個種類，如：自身有過的經驗會不斷在腦海中旋轉、夢到即將發生的特殊事情、發高燒或食物中毒等造成身體虛弱而導致腦部發生異常、神或靈強行對人心灌輸一些訊息等等。

接著弊宿向尊者報告有關計算靈魂質量的實驗，他在犯人活著時先秤體重，等犯人死亡後再秤一次體重，如果靈魂在死亡後會離開肉體，體重應該會減輕才對。但是實驗結果，死人反而比活人還要重。其次，當靈魂還在身體裡頭時（活著時），身體呈現柔軟，但是在靈魂離身（死）後，身體卻顯得非常僵硬（死後又硬又直）。弊宿認為如果靈魂是永遠不滅的話，活著時的身體應該是很強健的。尊者舉出一顆燒紅發光的鐵球作例子，當鐵球燒得紅紅發光時，是比較柔軟的，當鐵球冷卻後則變得硬梆梆的。同理，當身體還有生命、體溫、空氣、意識等功能在運作時，比較輕而柔軟，當這些功能喪失後就變重、變硬。

否定「靈魂」是正確的，否定「輪迴業報」是錯誤的

弊宿前前後後舉了幾個不同的人體實驗，但是他完全無法證明靈魂存在，最後他得到的結論是：「人活著的時候有眼睛，死亡後一樣有眼睛，但是死亡後的眼睛卻感覺不到什麼，耳朵、鼻子、舌頭、皮膚的情況也相同。因此，這只是有沒有感覺而已，根本無從證明『我』的存在，所以，沒有今生來世，沒有輪迴業報。」

弊宿對於「生」跟「死」的定義，就客觀上而言也是吻合佛教的說明，活著或是死亡，只有感覺有無的差別，當然沒有「我」。但是，由於他不了解因果法

則，因此連輪迴業報都給予否定，這是不對的。

用「貝螺號角的例子」指出方法論的錯誤

尊者認為弊宿為了確認真理所做的各項實驗大有問題，因此又舉了一個例子。有一天，一個手拿貝螺號角的人來到某個村莊，他大聲吹了貝螺號角三次，然後把貝螺號角放到地面上，被貝螺號角聲音給吸引的村人們，紛紛圍了過來，詢問這個優美的聲音是從何而來？這位外來人回答說：「聲音是從貝螺號角發出來的！」村人便圍繞著貝螺號角，高喊著：「貝螺號角啊！快發出聲音來啊！」可是貝螺號角卻毫無反應，有人把貝螺號角轉個方向，有人把它直立起來，有人用腳、石頭或木棒敲打貝螺號角，仍然是一點反應沒有。這時吹貝螺號角的外地人心想：「這裡的人真是無知，竟用不對的方法想讓貝螺號角出聲。用錯方法的話，根本不可能讓貝螺號角發出聲音的。」於是就離開村子前往他處。

弊宿也是一樣，用了錯誤的方法想去了解「是否有『我』？」、「是否真有輪迴業報？」的問題。其實，除非他用的方法是對的，否則不可能得到正確的結論。

鳩摩羅．迦葉尊者用一些比喻來解釋說明佛陀所教導的教義，佛陀對於方法論的要求是相當嚴格的，佛陀實事求是專心一意的觀想宇宙事物，最後發現了真理。貝螺號角的比喻是極佳的譬喻，貝螺號角會發出動人美妙的聲音，但是，除非有人用正確的步驟從嘴巴吹入空氣，否則是不會發出聲音的。貝螺號角本身不會出聲，從人的嘴巴吹出的空氣也沒有聲音，必須是從人的嘴巴吹出的空氣通過貝螺號角，才會響起震撼周遭的美妙聲響，這是有關前因跟後果的故事。

為什麼佛教徒很難跟唯物論者對話？

唯物論的無我與佛教的無我是互不契合的，唯物論者強調人死後若有輪迴轉世，前提是人必須要有永遠不滅的靈魂（我）存在，而佛教並沒有這樣的前提。佛教認為一切事物都是無常，是因緣和合產生的。雖然沒有因就不會有果，但所有現象最後並不會變成空，而是一直不斷在變化。因此佛教的立場是，正因為無常，因為無我，所以業報、輪迴轉世、道德、修行的意義才得以成立。

在這場對話裡，鳩摩羅．迦葉尊者可說陷入了苦戰，當弊宿明確說出「靈魂不存在」的時候，鳩摩羅．迦葉尊者絕對不說：「您說的沒錯！」為什麼呢？因為所有的現象都是無常且不斷持續變化，所以尊者若要提出反駁，在理論上是相當薄弱的。如果想要直截了當加以反駁的話，就必須採取邪見的立場，也就是「有我、有靈魂」。這樣的結果，雙方可能根本無法再繼續談論下去。不過，鳩摩羅・迦葉尊者最後用「貝螺號角的比喻」，提出了正確方法論的問題，使得弊宿了解到自己的做法有所缺陷，這才使得他一路以來咄咄逼人的氣勢減弱了下來。

這部經典的邏輯並不是那麼的強有力，不過，在佛陀所說的其他一切經典所提出的邏輯，絕對都是強而有力的。佛陀本身的理論是完美無缺的，任何人都無法提出不同的立論觀點去攻擊佛陀。此部經典中的邏輯雖然有點薄弱，卻也是值得深思的重點。由此可知，以佛教的教義來面對堅持主張「靈魂並不存在」的外道時，有時也會陷入複雜的狀態。

無我就是「覺悟」

這部經典針對著「自我」的話題到此告一段落，但是弊宿仍舊執著自己的意見，不管鳩摩羅・迦葉尊者跟他說什麼，他依然堅持己見。接著，為了說明「執著某種意見是多麼愚蠢的事」，於是有了下一階段的對話。人們總是會在自己所了解的範圍上產生一些意見，而他的意見也許是錯的。但這並不是什麼特別的問題，當人們不斷吸收一些新資訊然後把自己的意見做修正的話，又何嘗不是件好事。如此一來，人們就不會再堅持自我主張，並且懂得採取柔軟的態度，最後才能通達真理。

「無我」的這個真理，很難令人們直接接受，從過去到現在，人們都是在「有我、有靈魂」的前提下活著的，在我們的內心裡，這樣的觀念早已根深柢固。然而，有我或是無我是不能隨隨便便就下結論，不宜執著個人主觀，不要受到先入為主觀念的影響，我們應該持續不斷的觀察下去。一個人若能體悟「『我』並不成立」的真理，就能體會到無限的自由，當你領悟到「無我」時，那你就覺悟了。

Q&A 「無我」的問與答

我們已在前面詳細談過有關「無我」的話題，然而，我個人覺得所謂的「無我」並不是那麼容易弄懂的。知識跟智慧都不是突然湧現的，必須努力堅持下去才行。閱讀本書內容時，你的內心應該會浮現諸多疑問，以下就針對這些疑問逐一回答。

◉佛陀的教義賦予人們勇氣

Q 我們總會為了自己而努力不懈，讀書、工作、賺錢存錢、功成名就等，這是因為在我們的內心裡，潛藏著必須不斷自我成長的自我意識，所以才能夠努力不懈。如果內心的意識不是有我而換成無我的話，則想要努力的欲望是否會因此而消失殆盡呢？根據佛陀的教義，領悟了無我的真諦才是終極幸福。如此一來，我們的具體經驗與佛陀的教義不就正好相反嗎？領悟佛陀的教義真的會幸福嗎？請你說明一下。

A 佛陀的教義沒有絲毫矛盾存在。就因為一切無常，只要努力自然會得到應有的成果，如出生的嬰兒，因為無常而日日長大成人。我們不妨想像，假設嬰兒有永遠不滅、絕對不變的靈魂存在的話，情況將會如何呢？這種事當母親的最清楚，嬰兒的個性是隨著成長不斷變化，喜好厭惡也不斷在改變。有時看著已長大成人的小孩，內心會覺得很困擾：「這孩子到底怎麼啦？」以前這孩子很優秀，現在卻變得粗暴無比，令人頭痛。如果有永遠不滅的靈魂存在的話，應該就不會發生這種事吧！

不論如何這都是因為某種條件而造成的改變，我們不妨從佛陀的因緣論來看看這個問題。人的個性，會因為受到身邊人士的影響而改變，從幼稚園、小學、國中到高中，周遭的人事物都不斷在變化，我們的孩子也會跟著這些變化而變化。但是，父母親總是希望小孩不要受到社會的迷惑而誤入歧途，不希望孩子變成粗暴兇惡的人。如果是這樣的話，為了讓孩子能夠順順利利成長，是否利用一些手段或改變一下環境就可以了呢？

事實究竟如何呢？人從出生到死亡，是否絕對秉持著一貫不變的個性？或者是個性每天都在改變呢？人是每天都在改變的，這應該是好消息，因為可以往好的方向改變。所以，唯有佛陀的教義，才能夠給予人們向上的勇氣，給予人們可以實現的希望。

◉人生宛如泡沫

Q 我們每個人都是努力不懈過日子，盡力不讓自己陷入煩惱痛苦中。雖然如此，一旦災難發生、經濟狀況惡化、失去工作、生病、失望、期待落空……等時，我們還是忍不住會發幾句牢騷，或許有人會說：「反正一切都是無常，遇到這樣的事是命吧！」費盡心思蓋好的房子被海嘯沖走，雖說也是無常，但老實說還是令人感到悲傷、感到苦痛，嘴巴裡雖然說著無常，內心卻是悲痛不已……。

A 首先，讓我們試著來計算一下當你失去某種東西時的悲傷程度。現在我要舉的例子可能讓你覺得觸霉頭，不過還是要請你諒解。

我說：「你知道嗎？今天有新聞報導說某個地方發生火災，把一間房子全燒燬了。」聽完我的話，你會說：「你說什麼啊！這種事稀鬆平常，有什麼好說的！」一副事不關己的樣子。接著我又說：「這場火災發生在〇〇區！」而你剛好就住在那一區，這時你對這事會感到一點點興趣，但還是不太關心。接著我又說：「是〇〇區的〇〇街！」你剛好就住在這條街上，所以會比剛才顯得更感興趣一些，但還是不會太在意。接著我說：「是〇〇街的〇段〇號！」這個地址就是你家，這時候你會有什麼樣的反應呢？聽到別人的家被燒光，你覺得見怪不怪，一點也不慌張，但是，當那個房子是「我家」時，頓時眼前一片漆黑，腦中一片空白吧！說不定還可能昏厥過去。

雖然這只是假設性的議題，裡面卻包含意味深重的重點。儘管人世間的一切變化無常，我們卻一點也不在意。然而當那個變化在某種程度上可能跟自己有關時，我們便頓生煩惱痛苦。例如：九十五歲的爺爺或奶奶往生本就是件悲傷的事，但比起自己原本健康的孩子去世的悲傷程度是無法相比的。爺爺奶奶的年紀大了，身體也一向不健朗，往生只是遲早的事，所以一般人比較能接受；對於自己的孩子則是滿抱期待，對孩子的未來抱有無窮的夢想，因此，自己的孩子去世實在令人難以接受、難以面對。

因此，令人煩惱痛苦的並不是無常，因為無常在現實生活中處處可見，如果我們對無常的現象產生執著的話，就會因為執著的程度產生煩惱痛苦。因此，努力想成長、努力想要功成名就都無妨，但是，如果沉迷執著於「成功」則是很危險的。

這時候，「無我」的主張就很有幫助了！如果把人生視同泡沫一般，內心便會穩定下來。

所謂人生，是分分秒秒的每一瞬間都在變化的，悲傷也好，快樂也罷，都是瞬息萬變。本以為具有價值的經驗或感覺，也會在瞬間消失殆盡，因此，任何現象都不值得我們執著。

所有一切都可能在瞬間消失不見，當你想去抓住的時候可能已經不見了，就如同肥皂泡泡一樣。看到肥皂泡泡，心想「好美啊！」然而在下一瞬間泡泡立刻消失不見，所以，對一切事物還是不要想掌握，不要執著為宜。不執著並不會對你欣賞肥皂泡泡之美有任何阻礙。

人生就如同肥皂泡泡一般，想掌控、執著、想得到都只會徒生煩惱痛苦而已。雖然明知不是自己的，但我們總會想這個國是我的國家；雖然不是自己的家，我們也會說這個家是我家。又如「這是我的家族」、「這是我的身體」等。其實，任何一樣東西，都不能說是「我的」，當你說出這是我的身體的下一秒，當下的身體早已如流水般產生變化了。

正因為不是自己的東西，所以說出是「我的東西」時只會讓自己產生苦痛。所以，明白一切「無常」，了解「無我」，能夠看透「人生就像泡沫一般」、「所有一切都有如肥皂泡泡」的話，你的心才能得到真正的安祥。

◉認識「無我」的瞬間

Q 修習佛學後才確實學到「無常」、「苦」、「無我」，要了解無我確實有些難，但是，如果對照我們的日常經驗，則會感覺到「原來就是如此這般罷了」。然而了解歸了解，我們的心仍然沒改變，我還是我。

佛陀因為發現了「無常」、「苦」、「無我」而大澈大悟，內心清淨，無憂無惱。究竟我們跟佛陀的差別在哪兒？

A 人們所謂的「了解」指的是「用頭腦去了解」，另外還有一個了解的方式就是「經驗」。

接下來我以蜂蜜為例來加以說明。我們對一個從沒見過蜂蜜的人，告訴他有關蜂蜜的事。首先，告訴他什麼是蜜蜂、花蜜，以及蜜蜂如何把花蜜變成蜂蜜，接著就談到話題的重點也就是蜂蜜的味道。這個人花了長達一年的時間蒐集關於蜂蜜的各種資料，加強有關蜂蜜的各種知識，後來這個人已堪稱是個蜂蜜達人。然而，這個人始終沒有看過真正的蜂蜜，也沒嚐過一口蜂蜜的味道，他所了解蜂蜜的美味，完全只是腦袋所裝的知識而已。如果他免去花費一年時間蒐集資料，只要嚐一嚐一小匙蜂蜜，會出現哪種結果呢？不用說，這個人嚐一口蜂蜜自然就了解蜂蜜的味道了。

要了解事物，最有效的方法就是「藉由經驗」來了解。只要有過一次經驗，通常就不會發生「忘記了」、「搞錯了」之類的情形。人們雖然學習了很多知識跟常識，但是隨著年紀增長通常會忘光。可是，經驗過的事情卻不會輕易就忘掉。

佛學告訴我們的「無常」，不是在刺激我們我所認知的知識，也不是提出一個讓大家來討論的議題，更不是在人類的現有知識裡，再教我們一些新的知識。所謂的「無常」、「苦」、「無我」是一種經驗，必須透過修行才能體會。因此，「無常」、「苦」、「無我」對修行的人而言不過是一種指南，但這跟出外旅行所用的旅遊指南書不同。必須修行佛陀所教導的觀想，我們才能真正經驗到「無常」、「苦」、「無我」的境界。

觀想的修行跟其他的修行一樣，必須慢慢的成長。最初每個人都會藉日常的知識能力來進行觀想，慢慢的就能提高注意力，鉅細靡遺的觀想事物，等到水準進一步提昇，能夠停止一切妄念做觀想之後，自然就能夠了悟無常，自然對任何事情就不會再執著。

修行觀想，提昇注意力，進而看得到因果法則，了解存在的真諦後，心就會往無執著的目標邁進，最後達到「無執著」。佛陀把現象真實呈現時的狀態稱為「諸法顯現」（pātu bhavanti dhammā），此時所有的疑義全部消失，心靈達到解脫。

只要提昇注意力做觀想，便能夠如實認知現象，體驗到「無常」，修行者自然就進入到不起煩惱的狀態；並且將會體會到「存在，並非固定不動，而是像流水一樣隨時在遷動」。過去的理解跟了悟無常時的理解有很大的差異，了悟時的心境是莫大的力量，「了悟」的力量把心變成完全無執著的狀態，就是解脫。當一個人了悟無常以後，自然進入無執著狀態。正因為心無執著，必然會變得不貪不瞋，貪和瞋都是執著心所呈現的現象。因為了悟無常，所以也不癡。到最後，沒有貪、瞋、癡，就叫做解脫。

總之，我們必須要從「了解」無常的世界，逐步進入到「經驗」無常的世界。

◉佛陀教義的主軸

Q 佛陀在四十五年的佛法生活裡，對各色各樣的人，用各種不同的主題說法，當時記錄佛陀說法的南傳大藏經典的數量非常龐大，而佛陀教義的主軸到底是什麼？

A 接下來就讓我來介紹一下佛陀說的話。

阿基毘舍那！我是如此勸戒弟子，我經常對弟子說：「比丘們！色是無常的，受是無常的，想是無常的，行是無常的，識是無常的。又，色是無我，受是無我，想是無我，行是無我，識是無我。諸行無常。諸法無我。」

這是中部第三十五部經「薩遮迦小經」所載內容，讀起來很有意思，內容雖然很難懂，但卻寫得很有趣。

* “Evaṃ kho, aggivessana, bhagavā sāvake vinethi, evaṃbhāgā ca pana bhagavato sāvakesu anusāsanī bahulā pavattati-‘rūpaṃ, bhikkhave, aniccaṃ, vedanā aniccā, saññā aniccā, saṅkhārā aniccā, viññāṅaṃ aniccaṃ. Rūpaṃ, bhikkhave, anattā, vedanā anattā, saññā anattā, sankhārā anattā, viññāṅaṃ anattā. Sabbe saṅkharā aniccā, sabbe dhammā anattā’ti (M.I, 229)

Majjhima Nidāya, Sutta (No.35, Cūḷasaccakasuttaṃ)

◉輪迴轉世是真的

Q 日本的佛教學者認為佛陀並未談及魂迴轉世一事，並且主張輪迴轉世是後來的經典添加上去的，請問這是真的嗎？

A 本書一開頭也曾經寫到佛陀說法時曾經談到「無我」，但是卻不曾談過「無我論」，當時人們主張「有我」，並且堅信只要是人就一定「有我」。佛陀則是客觀的觀察事物，仔細調查究竟「有我」還是「無我」，結果發現「有我」並不成立，因此，佛陀乃針對堅稱「有我」一事，提出「無我才是真理」。

我們經常說「這是我的。這是我的東西。這就是我。」然而經過仔細調查之後，實在找不到這個「我」。在這個人人都有不同看法的世界中，佛陀並不想增加名為「無我論」的新思想，佛陀認為真理就是無我，然而，佛陀並非無我論者。

有關輪迴轉世的情形也是一樣。

印度人深信「即使肉體毀滅了，永遠不滅的靈魂將會輪迴到另一個地方」。但是，印度各地對輪迴轉世的看法也不盡相同。古代婆羅門教認為人死後將會前往祖靈界，直系子孫必須舉行盛大的儀式，提供必要的能量讓去世的亡靈得以在祖靈界生存。然而這種說法似乎無法將靈魂永遠不滅的想法就此固定化。有人就提出疑問：「如果沒有留下有血緣關係的後代，無人舉行儀式的話，這些祖靈界的靈魂將會如何呢？」、「這些無人供養的靈魂難道就此消失無蹤了嗎？」

針對此事有人又提出不同的看法：「靈魂不可能會完全消失不見，一旦沒有後代子孫的供養，這些祖靈界的靈魂將會再度回到人世。」接著又會有人進一步提出疑問：「假設靈魂將會再度回到人世的話，會以哪種形態回到人世呢？」結果就有人提出各種不同的看法，有人認為會變成植物，有人認為會變成動物，也有人認為會再度變成人，總之每個人各有不同看法。古印度人似乎不太認同地獄的說法，但是壞人死後的境遇如果跟好人一樣的話，似乎又說不過去，因此，地獄就成為必要之惡。既然有地獄，就必須有一個裁決者來決定死者該往地獄或往天堂，於是又創造「閻魔」，這是屬於婆羅門教的傳統說法。

非婆羅門教的教徒也會想像屬於自己的死後世界。耆那教的教義是「靈魂將會永無止盡的輪迴」，在輪迴時有時會變成動物也時則會變成植物，如果不經由苦行來淨化靈魂，靈魂將會永遠輪迴不息。

邪命教（Ajivika）教徒則斬釘截鐵認為每個靈魂輪迴的次數都是平等的，每一種生命都有一定的輪迴次數，有時輪迴成為國王、有時是普通人、有時是修行人、有時是動物、有時成為神。當輪迴的次數結束之後，每個生命就會平等的終了。

也有人反對一切的輪迴論調，堅稱人死後就回歸於土；另外也有唯物派的宗教家認為人死後就什麼都沒有了。總之，不同派別的輪迴轉世的論調堪稱百家爭鳴的狀態，在爭論不斷的時代中，佛陀發現到個中真理。究竟有沒有輪迴轉世，並不是很簡單就可以下定論的。

沒有經過試驗也未經調查、光憑想像就創造出來的概念，只能說是妄念。

也就是說，佛陀時代那些宗教家所說的輪迴轉世只能說是妄念。佛陀發現的真理是：「靈魂不可能輪迴轉世，事實上也不可能有永遠不滅的靈魂！」

由此即可很簡單的推測出結論是「沒有輪迴轉世」，但是，這裡就是一個陷阱，代表一切事物就此完全斷滅，然而這又不是事實。

佛陀發現到「無常」，所謂「無常」就是持續不斷變化，既然是持續不斷變化，就不可能不發生變化。佛陀說「無我，無常」，有時也被批評為「斷滅論」。佛陀對此看法的反駁方式也很微妙，佛說：「從某種觀點來看的話，如來說是斷滅論也無妨！」佛陀此言的重點是「希望眾人斷滅貪瞋癡、斷滅惡、斷滅煩惱」。由於世人的理解能力非常狹隘，所以佛陀不忍苛責批評者而改以嘲謔的方式。

佛陀認為生命或人世間都有一種法則，就是「因果法則」，萬事萬物都是有緣則聚、無緣則散。站在「因緣論」的立場來說，「斷滅論」是完全錯誤的。

現代佛教研究者認為「佛陀並未談及輪迴轉世」，這種說法僅能說是這些研究者主觀的看法，根本稱不上是他們的研究報告，他們只是想假藉佛陀的語彙來表達他們自己的喜好而已。假如佛陀不承認輪迴轉世的話，那麼佛陀只需說出結論是「死後斷滅」即可，但是，一向推行嚴格修行以求解脫的佛陀，卻不曾在任何一部經典中提到「斷滅論」的相關論點。

「找不到佛陀主張『沒有輪迴』的證據，就說沒有輪迴」，這在學術上是說不通的。許多佛經都曾談到輪迴轉世，例如佛說：「苦是永無止盡的，如果不斷絕執著，苦就無法結束！」

這就是佛說的輪迴轉世，但是此種說法並非配合印度宗教家妄想出來的

「靈魂輪迴論」，生命的輪迴轉世是佛陀的智慧所發現到的事實，只是因為人體五種感覺器官所能認知的範圍實在很有限，因此很難理解。發現了因果法則之後，任何人都可以了解這個結論，就算不了解也不該說這是一種信仰的概念。

佛陀說過輪迴轉世，因此才必須藉由修行達到解脫。但是，佛教並不宣揚輪迴轉世，所謂「佛說」並非「輪迴轉世論」。

◉彌蘭陀王與那先比丘的問與答

Q 假設真的有「不變的靈魂」，就可以推測出確實有輪迴轉世。但是，佛教是無我論，在邏輯上應該是否定輪迴轉世才對的啊？

A不，這個理論尚未成立，正因為沒有絕對不變的東西，所以是經常變化不斷的現象才會流轉不停。種籽消失不見才會萌發新芽，芽不斷變化之後才會枝葉茂密、幹莖長粗、開花、結果。這些變化都是因為「沒有一個完全不變的東西」才造成的。種籽裡面如果有一個絕對不變的東西的話，種籽本身應該就會保留下來。種籽是「因」，才會長成樹木，才會結成果實。因此，萬事萬物是不斷變化流轉的，但是卻沒有一個流轉的實體。

利用現代的知識，也可以提出以下的反駁：「樹木、樹葉、樹枝與果實都具有種籽的遺傳因子啊！所以，遺傳因子就會像靈魂一般輪迴啊！」

然而，這種想法實在太天真了！就算根據現代的知識來考慮，其實遺傳因子的壽命非常短暫，遺傳因子損毀之後又會製作出新的遺傳因子。為了製造出氨基酸就必須吸收各種必要的材料，亦即必須利用各種方法來吸收製造新細胞所需要的材料。新細胞雖然是損毀的細胞複製而成，兩者卻不是同一個。

西元前二世紀中葉左右，印度希臘王國的彌蘭陀王和那先比丘之間精采對答，收錄為著名的佛教經典「彌蘭陀王問經」。彌蘭陀王經常向那先比丘提出各種問題，例如：「沒有靈魂的話，輪迴轉世又是如何發生的呢？」「今生的所做所為，為什麼死後才會受報呢？」那先比丘總是以各種譬喻為彌蘭王解惑。以下就介紹幾個兩人之間的精采對話。

彌蘭陀王：「那先尊者，人死的時候，輪迴的主體並不會轉移，而是重生的嗎？」

尊者：「大王，是的，輪迴的主體並不是轉移，而是重生……例如，有一個人用一個燈火點燃另一個燈火，此時的燈火是由一個燈火轉移向另一個燈火嗎？」

彌蘭陀王：「尊者，不是的！」

尊者：「大王，道理是一樣的，輪迴主體並非由一個身體轉移到另一個身體，而是重生的！」

彌蘭陀王：「請尊者說得更詳細一點！」

尊者：「大王還記得小時候曾經跟老師學過做詩嗎？」

彌蘭陀王：「是的，尊者，我還記得。」

尊者：「大王的詩作是由老師轉移而來的嗎？」

彌蘭陀王：「尊者，不是的。」

尊者：「大王，這個道理是一樣的，輪迴主體並不是由一個身體轉移到另一個身體，而是重生的！」

彌蘭陀王：「說得真好，那先尊者！」

彌蘭陀王又向那先比丘提出沒有輪迴主體就沒有業報的問題了嗎？

彌蘭陀王：「那先尊者，假如沒有一個東西是由這個身體轉移到另一個身體，那麼不就可以免於業報了嗎？」

尊者：「是的，大王！假如不是重生於另一世的話，應該就會免於業報，但是，大王，正因為會重生於另一世，所以就無法免於業報！」

彌蘭陀王：「請尊者說得更詳細一點！」

尊者：「大王，假設有一個人偷了別人芒果樹上的芒果，這個人應該受罰嗎？」

彌蘭陀王：「尊者，此人當然應該受罰。」

尊者：「大王，此人所偷的芒果和原本種在果園的芒果並非同一個果實，為什麼這個人必須受罰呢？」

彌蘭陀王：「尊者，他偷的芒果是別人種在果園的芒果所生出來的，所以此人當然必須受罰。」

尊者：「大王，這個道理是一樣的，一個人以現在的心跟身體做了善事或壞事，他帶著這個業轉世到來生的新的心跟身體，所以他就必須承受前世的業。」

彌蘭陀王：「說得真好，那先尊者！」

正因為無常，所以就有輪迴轉世、業障果報，這是早在很久以前就已經清楚說明了。

剛剛所介紹的傳聞逸事並非佛陀時代，而是佛陀之後的事情。在那個時代人們正熱烈討論是否有輪迴一事，所以才會有這樣的對話。由佛陀所說的法當中，並未談到是否有輪迴，輪迴轉世雖然是佛陀的智慧所發現的事實，但是佛陀卻沒有義務一定要去證明確實有輪迴存在。

◉「無我」和「輪迴轉世」有著密不可分的關係

Q 「無我」和「輪迴轉世」二者之間看起來毫無關係，究竟該如何去了解呢？

A 佛陀一直探討生命的真諦，後來才發現到萬事萬物皆由因緣產生，並且發現到沒有因緣就沒有一切的「因緣法則」。

有因緣才會產生現象，由此可明確證實「沒有一個完全不變的我」。但是，我們卻是很真實的感覺到「自己的存在」，這種真實的感覺是因為有其原因才發生的。只要這個原因一消失，這種真實的感覺就會隨之消失。換言之，「自己存在」的這種真實感覺是因為感覺器官（六根）接觸到某種資訊才發生的，因此，看到某種事物時，就會認為是「我看到了」，聽到某種聲音時，就會認為「我聽到了」，正在思考某件事時，就會認為是「我正在想」；像這樣由各種感覺器官結合起來的概念就會產生「有我」的真實感覺。

其實這只不過是將每一瞬間的變化串連而成並加以理解罷了！只要仔細觀察每一個感覺，就會發現一切皆屬無常、一切皆是因緣所產生，接著就會發現到每一個流轉都是連續不斷，只要有眼睛，又有對象的話，就會產生「眼識」，而且也不會就此結束，我們又會開始思考自己看到的究竟是什麼東西，然而這一切還是沒有結束；一旦開始思考，就會產生好惡的情緒，緊接著依然沒有結束，因為情緒又會帶動情緒，思考又會引發不同的思考。

有一個方法可以很簡單明瞭就了解何謂「因果法則」。假設因為原因A產生了B結果，B現象緊接著又變成「因」而造成C現象。總之，「因」會形成「果」，「果」又會變成「因」而造成另一個「果」。總之，一個現象可能是數個因所造成的，也可能是其他果的因。

例如：有蘋果樹才會結成蘋果，人吃了蘋果之後，因果關係並不會因此就消失，雖然吃掉的蘋果已經永遠消失，但是吃掉蘋果的那個人卻會發生各種變化，此人可能覺得很美味、吃得很飽、元氣十足。這顆蘋果屬於蘋果樹的果實，但是它不僅僅是果實而已，這顆蘋果卻是讓人覺得很美味、讓人吃得很飽、也是讓人元氣十足的「因」。總之，A「因」會產生B「果」，

B成為「因」則會產生C「果」，C如果又成為「因」的話，則會產生D「果」。由此可知，所有現象都是變化不斷，因此，「無我」和「輪迴轉世」有著密不可分的關係，正因為「無我」，才有「輪迴轉世」。

◉萬物流轉與輪迴轉世

Q 無我的話不就代表沒有個體嗎？既然沒有個體的話，所謂「輪迴轉世」不就和單純的宇宙萬物的變化一樣了嗎？

A 這個問題無法很簡單的回答「有」或「沒有」，不能說「有個體」，也不能說「沒有個體」。

所謂「有個體」其實是實體存在的極端論調；所謂「沒有個體」則是虛無

的極端論調。佛教並不是極端論調，而是中道論調，佛陀所說的「有因才有果」因緣論也算是中道論調。

一切現象都是由於因緣而持續變化，所以並沒有一個實體「我」，一般就以「無我」來表現，不過，與其說是「沒有我」，更正確的表現方式應該是「『我』並不成立」。然而，所謂的不成立其實就是「沒有」的意思，兩者並沒有差異。

假如有人提問：「個體是存在的嗎？還是不存在呢？」正確的回答是「個體是成立的。」每個生命擁有不同的身體，各個身體又各有不同的感覺器官，各個感覺器官又各有不同的感覺、產生情緒或想法。例如你和我兩個人看同一幅畫，我會產生我的眼識，你會產生你的眼識，你和我分別產生不同的情緒，你不知道我的感覺，我也不知道你的感覺，即使我們兩人都覺得這幅畫非常漂亮，我們也感受不到彼此的感覺。由此可以證實「個體」確實是存在的，但是，「完全不變的個體」則是不存在的，這個受到因緣影響而出現或消失的「某種流轉」，我們將其稱為「個體」。

個體的感覺流轉是無法由別人代替的，即使你跟我說「請你代替我看看我的感覺」，我依然看不到。這就像我請別人幫我讀書，即使那個人很認真幫我讀書，我的腦袋還是無法變好。總之，個體就是個體，個體的行為會讓個體感受到各種不同的感覺。輪迴轉世則是個體的變化流轉的延長。

身體物質不斷變化之後，最後死亡歸於塵土。物質本身就擁有不斷變化的流轉，卻不具有「個體」的概念，唯有在有感覺的時候，所謂個體的概念才會「成立」。

根據前面說過的「因果法則」，有因才有果，果又可能成為因。和物質不屬於相同功能的感覺流轉、認知流轉、情緒流轉等等，都有其因果的演變流轉，現在的思考是以前思考的「果」，也是下一個思考的「因」；現在的情緒是以前的情緒的「果」，也是下一個情緒的「因」，每一個所具備的功能是非常複雜的。

這裡可以將其簡單的歸納為「現在的『心』創造了下一個『心』！」生命的死亡並非物體的機能停止了，而是感覺機能停止了。身體是機械，即使感覺沒有了，仍然可以驅使機械化成植物活下去。例如由人體取下來的皮膚可以繼續在醫院中培養做為移植治療之用。但是也不能因為這樣就說此人依然活著，此人的感覺已不存在，所以此人已死。

因果法則是非常實在的真理，某個物體的中心主體在某個時刻停止了，但是，一個「心」消失之後，也因為這個「因」又產生了另一個新的「心」，就在此種流轉當中繼續活下去。因此，就算肉體中的主體最後完全停止，也會因為「心消失」的這個原因，必定又會發生新的「心」。但是，這個「心」並不會發生在這個肉體中，因為這個肉體已經毀壞，「心」的生滅變化已經不適合在此肉體上了，因此，下一個「心」必須在另一個地方重新再起，這就是佛教所說的「輪迴轉世」。

光是以前的現象消失並不足以提供新的某種東西的出現。接下來就以細胞分裂為例來說明。所謂細胞分裂，有時候也包含有「毀壞」之意，然後產生新細胞。假設是同一個細胞分裂之後，產生兩個新細胞的話，新細胞應該是前一個細胞的一半，再繼續分裂之後，細胞數量會增加，質量應該一樣才對，然而事實並非如此。當一個細胞分裂成兩個之後，不論大小或質量都增加一倍，這代表必須從外面取得某種東西。以肉體來說的話，就必須攝取營養做為製作新細胞的材料之用。

「心」的話，情況又是如何呢？「心」消失之後，並不會生成兩個，如果會這樣的話恐怕就天下大亂了。一個人活了一年，將會產生無數個心的流轉，感覺好像突然有好多個「個體」。然而，一個人就算活了一百年，心的流轉也只有一個，一個心消失之後，才會再生另一個新的心。

如果是這樣的話，新的心就不需要從外面取得材料了吧！這樣說的話其實也沒錯。但是，創造新的心需要用到能量，人死後，心還留著情緒、貪、業等大量的能量。創造新的心卻只需要些微能量就夠了，從眼耳鼻舌身意所獲得的資訊即可對「心」持續補充能量。

每個人都會擔心身體毀壞、生病或受傷，甚至也擔心死後是否能夠復活；心則是完全不同於此種法則。只要經常補充能量，多餘的能量就會儲存下來，因此，一個心消失之後，另一個心在下一瞬間很輕易就產生。感冒時，大家都認為很快就會復原，所以一般人都不太擔心。然而，即使是感冒，請你一定要擔心，因為有時候很可能治不好，感冒很可能繼續惡化到致死的地步。心的話就完全不用擔心，一個心消失之後，下一個心必定會再起，縱使身體毀壞，下一個心仍然會再起。由此可知，每一瞬間儲存在心的業的能量是無量的。

在佛陀時代，有一派宗教主張「生命會輪迴轉世，不久後就自動達到解脫」，意即不論惡業善業，由轉世當中就會消耗完畢。此種主張是錯的，因為佛教很明確的斷言「人不會藉由轉世而解脫」，即使心的能量增加，也不會減少輪迴轉世。當我們吃到美味的食物時，會感覺快樂且元氣十足，這會成為心的養分；無飯可吃的話就會饑餓而感覺苦，身體也會變得虛弱。然而即使在此種狀況下，心還是可以自己補充營養，不論善行或惡行，對心而言，都是能量的補充。這就是「心的法則」，所以，輪迴轉世理所當然是一定有的。

◉想要了解輪迴轉世，必須發現「因果法則」

Q 但是，想要理解輪迴轉世卻是很困難的。

A 想要理解輪迴轉世當然需要有超凡的智慧，發現到「因果法則」也是必要。受到五根（眼耳鼻舌身）的有限資訊所產生的思想，可能很難理解個中道理！但是，也不能因為現代人的知識範圍無法理解，就認為沒有證據證實輪迴轉世，這樣的話就如同說：「我看不到那個東西，所以那個東西並不存在！」

我們都知道，這個世上的任何東西都是無常、變化不斷的，它只是不斷變化，並不代表完全消失。

其次，還要請你想想另一個重點，那就是一個現象消失之後，又會有新的現象產生，也就是說：「消失的現象永遠消失，不會重現」。

小孩子消失，變成大人，就永遠都無法再回復到小孩子。這個瞬間在這個瞬間的當下就結束了，接下來是另一個瞬間，所謂「一期一會」就是這個意思（譯註：「一期」表示人的一生，「一會」意味僅有的一次相會），意即不可能再度遇到同一個人，即使是在一起生活四十年的鶼鰈情深的夫妻，彼此都不可能再度遇到同一個人。只是我們不具備此種觀察能力，又缺乏注意力，耽溺於主觀妄念中，所以才無法了解。唯有提升觀察能力，增加注意力來觀察每一瞬間，就會發現「一期一會」的真理。

◉不是「消業」，是「除去愛戀執著」

Q 只要多用點心，應該可以理解「一期一會」的意思，但是，還是會卡在「輪迴」一事。「心」為了生滅變化需要能量，此能量將會無量儲存下來，從六根取得資訊時，就會產生新能量，因此，最後的結論是不可能解脫，生命唯有輪迴轉世，對於解脫一事，難道真的只能死心嗎？

A 這個問題很有趣，卻不是一個值得玩味的問題。佛陀認為：「對生命的苦有了正確的解決才是達到解脫的境地。」然而卻有婆羅門認為：「想要達到解脫是不可能的，那只是佛陀獨自突然發生的一種現象而已！」這位婆羅門向佛陀挑戰說：「除了你之外，假如還有另外一個人有過此種經驗的話，我就承認你說的法！」佛陀反問婆羅門說：「一個就夠了嗎？如果有十人、二十人、五十人、一百人、兩百人、五百人的話，你覺得如何呢？」結果曾經達到解脫的比丘人數則是以千為單位，曾經達到解脫的比丘尼人數也是千人以上，曾經達到解脫的優婆塞、優婆夷（在家男居士、在家女居士）則是以百為單位。

心擁有無量無限掌握輪迴轉世的能量，同時儲存了無限的新能量。但是，由佛陀的解答可以推測出，要達到解脫境地是很簡單的。

例如：有一個人拿著竹簍出門採蜂蜜，他想要採收大量的蜂蜜，於是在森林中到處找蜂巢，只要找到蜂巢就把蜂蜜倒進竹簍中。此人在森林中採收蜂蜜十年，各位知道他採收到多少蜂蜜嗎？答案是零。因為他把蜂蜜倒進竹簍中，根本不可能留住蜂蜜。

我們的心裡有愛戀、執著的煩惱，因此放不下任何事物。愛戀一本舊相簿的話，就會非常重視這本舊相簿，一旦愛戀心消失，就會討厭這本舊相簿，立刻將它燒毀。你應該知道，只要心裡有愛戀執著，職司輪迴轉世的業的能量就會儲存在心，而且會無量無限儲存；然而，當愛戀執著一旦消失的瞬間，全部的能量將會一點不剩的完全消失，輪迴轉世也就此結束。

假設有一個玻璃做成的巨大水箱，裡面儲存了大量的水，接著試著把大石頭丟進水箱，你知道會發生何種狀況嗎？請你把水箱中的水設想為「業」的能量，水箱本身就是愛戀執著，這樣的比喻可以了解吧！

佛教並沒有教人如何消業，這是被佛教視為邪教的耆那教的教義，佛教認為沒有所謂的「消業」，佛教的說法是「除去愛戀執著」。

◉「不執著」和「無常」如同一個硬幣的正反面

Q 這個理論不難理解。假如有人說：「我無法除去愛戀執著」，請問應該如何回答呢？

A 假設有人要送給你一公斤的米煮成飯做為新年禮物，後來那個人覺得麻煩，改送給你一公斤的白米，請問你選擇哪一種呢？你應該會說：「我不要飯，請給我白米。」

理由非常簡單。一公斤白米煮成飯的話，量變大，根本吃不完，最後只能倒掉。如果是白米，就可以分成幾次煮成飯，而且只要保存得當的話，甚至可以保存一年以上，因此，就這個例子來說，白米比米飯的價值要高；也正因為有價值，人才會執著。由無常的立場來看的話，米飯的無常比較快速，白米的無常比較緩慢（這是一般的論調），無常比較慢因而產生價值，就值得「執著」。這就和最近日本經濟不景氣，人們決定買黃金保值的情況很類似。花錢買黃金的理由是什麼呢？主要是因為金錢的價值天天改變，然而金塊的價值則不會輕易變化。

由這裡就可以看出某種法則了吧！亦即當物質因為無常而經常變化或消失的話，就代表沒有價值，不會變化的東西才具有價值。這是理所當然的呀！買土地、蓋房子的喜悅一定勝過買車子，因為買車子的喜悅最多只能保持五年左右，買土地的話，可能可以留給孩子、孫子、甚至還留給曾孫。

愚蠢者會陷入一種可怕的錯覺，他們認為世上的東西都會消失，唯有靈魂不會消失、不會死、永遠存在。換句話說，他們為自己的生命附加了無上的價值。但是，他們卻不了解何謂「生命」，才會認為「生命」就是「肉體」。有些人很認真的相信死後有一個永遠的天堂並可得到終極幸福，這種人如果還有一點點理性的話，應該會覺得越早死越好。但是，通常他們都不想死，能夠多活一天就是多一天，想盡辦法都要拖延上天堂的日期。這種愚昧的程度真不知道該怎麼說他呢？

「不執著」和「無常」就像一個硬幣的正面和反面，不要對無常執著，因為那是沒有價值的。肥皂泡是無常的，所以不要對肥皂泡執著。肥皂不像泡泡那樣無常，對肥皂泡不執著的人會不會對肥皂執著呢？通常我們對東西的處理方式有兩種，一個是丟入垃圾桶，另一個是放入冰箱保存起來。丟入垃圾桶的東西是沒有價值、不執著、想要早點跟它脫離；放入冰箱的東西則是有價值、執著、希望它不要太快壞掉，所以才要放入冰箱冷藏。

我們經常在日常經驗中對「無常」做出奇怪的解釋，其實「無常」並無快慢，一般人通常認為黃豆的壽命長，豆腐的壽命短，日語常會用到「腳很快」來形容「快」，我第一次聽到這種形容詞時總感覺很奇怪：「豆腐沒有腳啊！怎麼說腳很快？」其實是我搞錯意思了。

佛學所說的「無常」並沒有快慢，一切物質都以一定的速度產生變化，這裡所說的物質指的是地、水、火、風；再者，心也會變化，只是變化速度不像物質那麼快，因此，不論物質或心，都不具有價值。一般人之所以會產生「有價值」的錯覺，是因為一般人並不了解「一切皆無常」，所以才沒有發現這個道理。總之，就是「癡」。請各位一定要仔細觀察，必然會發現到一切皆無常，同時也會發現一切現象都沒有任何價值，然後心的執著就會自然而然消失。就理論而言，人人都應該捨棄執著，因為執著才是痛苦煩惱的因素，但是，若要在生活上真正實踐，即使心裡一直想著「不執著」，卻很難輕易就擺脫執著。因此，決心放棄執著的人，應該努力觀察去發現「無常」，才能夠真正讓執著消失無形。

接下來讓我們來閱讀『法句經』第一百七十偈。

Yathā pubbuḷakaṃ passe, yathā passé marīcikaṃ;
Evaṃ lokaṃ avekkhantaṃ, maccurājā na passati.

觀世如水泡，觀世如幻相，
如是觀世者，死魔不得見。

意思是「如果認為這個世界像水泡、像海市蜃樓的話，就不會見到死魔」。「死魔」意指輪迴轉世，也代表達到解脫。因為一旦了解這個世界如水泡幻相，就表示已經了解一切毫無價值，沒有價值就不值得執著，不值得執著就不會執著，也就達到解脫境地了。

◉「無我」與「無價值」

Q 從「無常」的教義中發現到「無我」，無常、無我這兩種概念是在發現因緣法則時所達成的結論。根據因緣法則所言，一切事物並不會斷滅，而是不斷的變化生滅。佛教並不鼓勵人們要持續輪迴轉世，而是主張「離苦才能解脫」，並且還進一步主張「為了離苦，為了不再輪迴轉世，首要的是不執著」，又提出「無價值」的說法教人如何捨棄執著。總之，一切是從「無我論」開始，然後達到「無價值論」的嗎？

A 我在這本書上一直努力嘗試說明「無我」。所謂「我」，只是宗教家時間太多所產生的妄念，佛陀認為事實上並沒有「我」，是「無我」。然而一般人都認為「我」是永遠不滅、擁有最高價值、象徵「自己的生命」，一旦他認為自己的生命是最有價值的話，為了讓生命持續下去，就算殺人犯罪也無妨。

然而，生命是短暫的，一如朝露一般很快就消失，發現到「無我」才知道「生命是不具價值的」，過去的執著心就此消失。生命本身並不具有價值，而是因為各種因緣而持續變化的一個「組織」而已，宛如泡泡一般隨時都可能輕易破滅的一種「組織」。

沒有錯，發現到「無我」，引導出的結論是「一切現象都不具有價值」。
只要不再執著，就如同已經按下「解脫」的板機了。

蘇曼那沙拉 (Alubomulle Sumanasara)

斯里蘭卡上座佛教（小乘佛教）長老， 1945年4月出生於斯里蘭卡，13歲出家得度。
曾經在斯里蘭卡國立卡拉尼亞（Kelaniya）大學教授佛教哲學。1980年以公費留學生身份前往日本。之後在駒澤大學研究所的博士課程中研究道元禪師的思想。目前持續於日本小乘佛教協會從事原始佛教的傳道與冥想指導，並講述佛祖的基本教義。此外也在朝日文化中心（東京）擔任講師，並曾受邀NHK教育頻道《心之時代》等節目擔任來賓。

著作包括《佛陀教你不煩惱》、《佛的實踐心理學》全八冊（與藤本晃合著，SAMGHA出版社）、《佛陀教你「不生氣，會幸福」》、《日本的未來》（SAMGHA新書）、《佛陀的日日小頓悟》（集英社新書）等諸多作品。
日本小乘佛教協會 http://www.j-theravada.net/

單色
208頁
15×21 cm
定價250元

佛陀陪你練習不生氣

集結蘇曼那沙拉長老最精華的開示
傳家之寶・燙金典藏版

日常生活瑣事常令你動怒嗎？
能否有方法讓自己不要生氣？
14天大腦更新！由「生氣腦」脫胎換骨成「幸福腦」

「都是別人不好，我會生氣是理所當然的！」

「我實在氣到不行，一不小心才會動手打人！」

我們之所以常發脾氣，是因為我們的大腦屬於「生氣的腦」，瞬間就會感到恐懼、陷入不信任感，而我們往往也須花費很長的時間才會信任別人。我們可能在一瞬間而且是毫無緣由的覺得「那個人很討厭」，這完全是原始腦的情緒。

如果想調整這種「動不動就要生氣的大腦」，使大腦進化為「可以感覺到幸福的大腦」，必須歷經訓練：「練習將這種只會察覺危險的神經迴路，重新組合出能直接察覺現狀的新神經迴路」。

只要每天持續給予小小訓練，開發大腦的速度必定超過你的想像。經過了不生氣的練習後，將有如脫胎換骨似的變成不會生氣的人！

——當我們學會拋開情緒來看待每件事物，就不會再被忿怒蒙蔽雙眼。

也就不會再讓忿怒傷害自己、傷害我們所愛以及愛我們的每個人。

TITLE

感受「無我」的自由

STAFF

出版　瑞昇文化事業股份有限公司
作者　蘇曼那沙拉
譯者　郭玉梅

總編輯　郭湘齡
責任編輯　黃思婷
文字編輯　黃美玉　莊薇熙
美術編輯　朱哲宏
排版　靜思個人工作室
製版　昇昇製版股份有限公司
印刷　桂林彩色印刷股份有限公司
　　　紘億彩色印刷股份有限公司

法律顧問　經兆國際法律事務所　黃沛聲律師

戶名　瑞昇文化事業股份有限公司
劃撥帳號　19598343
地址　新北市中和區景平路464巷2弄1-4號
電話　(02)2945-3191
傳真　(02)2945-3190
網址　www.rising-books.com.tw
Mail　resing@ms34.hinet.net

初版日期　2017年2月
定價　300元

ORIGINAL JAPANESE EDITION STAFF

写真　相田晴美

國家圖書館出版品預行編目資料

感受「無我」的自由 /
蘇曼那沙拉作 ; 郭玉梅譯.
-- 初版. -- 新北市 : 瑞昇文化, 2017.02
224　面 ; 14.8 x 21　公分
ISBN 978-986-401-145-2(平裝)

1.佛教修持 2.生活指導

225.87　　105024127

國內著作權保障，請勿翻印／如有破損或裝訂錯誤請寄回更換

MUGA NO MIKATA
© Alubomulle Sumanasara
All rights reserved.
Originally published in Japan by samgha publishing Co.,Ltd. Japan
Chinese (in traditional character only) translation rights arranged with
samgha publishing Co.,Ltd. Japan through CREEK & RIVER Co., Ltd.